JN302183

EXPORT DOCUMENTATION

貿易取引入門

池田 芳彦 著

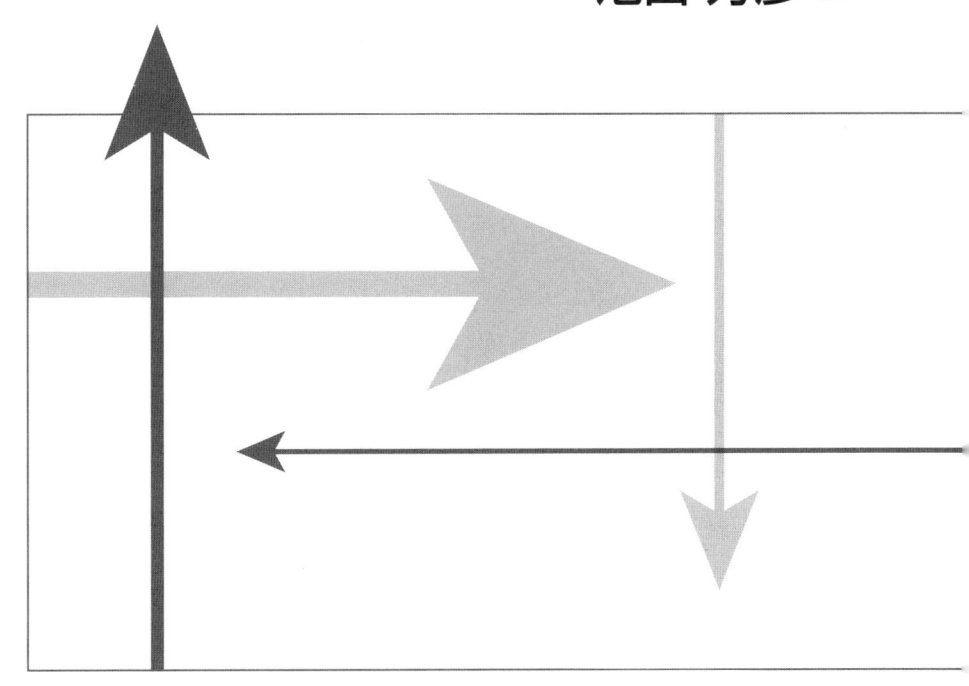

学文社

はしがき

　貿易取引に興味をもったはじまりは学部3年生の春に，時間割を埋めるつもりで履修した講義でした。各国は無理をしてでも輸出入をおこない，国際分業した方が，世界がより幸福になるという話は，眠っていた好奇心を呼び起こすには十分すぎるものでした。貿易論で学んだリカードの比較生産費説です。

　その後，貿易や国際ビジネスへの関心は続き，恩師石田貞夫先生のもとで勉強する機会を得ました。学部，大学院と先生には学内の講義だけでなく，外部での講演のお供をさせていただきました。富士宮市にあった貿易研修センター（貿易大学）で，泊まり込みでお手伝いをしながら先生の講義を聴けたのは，貴重な経験であり思い出です。あれから30年，今では大学で学生に向かって熱心な講義をされていた石田先生と同じ立場で仕事をしています。

　大学の教室や社会人対象のセミナーで貿易取引の講義をしてきた内容をまとめたものが本書です。本書の特徴は，タイトルに込められています。貿易取引を学ぶ初学者ができるだけ理解しやすいように心がけました。単なる貿易取引の手続き書や貿易用語解説書でなく，物事の理由や背景が分かるように心がけて記述しました。初学者ならば必要だと思う内容に絞り込んでいます。

　明治大学名誉教授石田貞夫先生に本書の上梓が直接報告できないのが残念です。中村邦詮先生，諸上茂登先生，篠原敏彦先生，根本孝先生，茂垣広志先生をはじめ多くの先生にご指導を受けることができたのは幸運でした。

　出版のお話をいただいてから10年間も辛抱強く待つだけでなく，度々の叱咤で激励していただいた学文社の田中千津子社長に記して感謝いたします。

2013年初冬　ニュージーランド・オークランドにて

池田　芳彦

Mに捧ぐ

目　次

はしがき ……………………………………………………………………… i

第Ⅰ部　取引先の選定から取引条件の交渉までの実務

1. 市場の選定 …………………………………………………………… 2
1. 市場選定の必要性　2
2. 市場を選択するグローバル企業　3
3. 市場選定の方法　4
4. 市場選定の決定因：マクロ要因　6
5. 市場選定の決定因：ミクロ要因　10
6. グローバル企業の標的市場戦略　14

2. 取引相手の選定 …………………………………………………… 17
1. 取引先候補のリストアップ　17
2. 取引先発見の方法　18
3. 企業内取引の増大　25

3. 信用調査 …………………………………………………………… 27
1. 信用調査の必要性　27
2. 信用調査の内容　28
3. 信用調査の方法　32
4. 信用調査のタイミング　36

4. 取引条件の交渉 …………………………………………………… 39
1. 商談の内容　39
2. 商談の進め方　42
3. オファーの種類　44
4. オファーによる承諾の効力発効　46

5. 品質条件 ·· 48
  1. 品質決定の方法　48
  2. 品質決定の時期　53

6. 数量条件 ·· 55
  1. 取引の数量単位の基準　55
  2. 取引の数量決定時点　59
  3. 過不足認容条件　60
  4. 最小引受可能数量　61

7. 価格条件 ·· 62
  1. 価格の表示通貨　62
  2. トレード・タームズ：貿易条件　64
  3. FOB/FCA 価格　66
  4. FOB/FCA 価格の内訳　68
  5. 外貨建て FOB/FCA 価格　70

8. インコタームズ ·· 75
  1. インコタームズとは　75
  2. インコタームズの改正　76
  3. インコタームズの標準的取引条件　79

9. 受渡条件 ·· 87
  1. FOB/FCA の矛盾　87
  2. 受渡場所　89
  3. 受渡方法　90
  4. 積替え可否　91
  5. 分割船積み可否　91
  6. 受渡時期　92
  7. 納期の決め方　94

10. 決済条件 ··· 97
1. 貿易決済手段　97
2. 送金による貿易決済の問題点　100
3. ネッティング　101

11. 一般的取引条件 ··· 103
1. 一般的取引条件協約書　103
2. 取引形態　105
3. 価　格　106
4. 海上保険　107
5. 船積み　108
6. 輸出検査　109
7. クレーム　109
8. トレードタームズと準拠法　110
9. 仲裁条項　110

第Ⅱ部　輸出入契約の締結と契約成立後の実務

12. 貿易取引の商談と契約書 ·· 114
1. 貿易取引の商談　116
2. オファーの交換　117
3. 売買契約書の作成の意義　119
4. 売買契約書の交換　120
5. 売買契約書に記載する内容　122
6. 付帯条項　123

13. 貿易決済 ··· 125
1. 送金による貿易決済　125
2. 並為替と逆為替　128
3. 為替手形による貿易決済　129
4. 荷為替手形による貿易決済の仕組み　131

5. 信用状とは　132
  6. 信用状付き荷為替手形決済　137
  7. 信用状とディスクレ　144
  8. 信用状なし荷為替手形決済　145
  9. 支払書類渡し手形決済　146
  10. 引受書類渡し手形決済　149
  11. 決済手段の利害対立　152
  12. 信用状の二大原則　156
  13. 信用状の種類　157

14. 外国為替のコントロール　161
  1. 貿易取引の三大リスク　161
  2. 信用危険の回避　162
  3. 輸送危険の回避　163
  4. 外国為替リスクとは　164
  5. 外国為替リスクの回避策　165

15. 貿易管理　173
  1. 貿易管理とは　173
  2. 貿易管理の目的　174
  3. 輸出承認と輸出許可　175
  4. 輸出許可申請　175
  5. 輸出承認　176
  6. 輸入の許可と承認　177

16. 貿易保険　179
  1. 貿易保険とは　179
  2. 貿易保険の種類　180
  3. 貿易保険の民営化　184
  4. 貿易保険の海外商社名簿　185

17. 海上保険 …………………………………………………… 186
1. 海上保険の手配　186
2. 保険条件　188
3. 保険料率と保険金額　190

18. 国際輸送 …………………………………………………… 191
1. 輸送の手配　191
2. 傭船輸送と個品輸送　192
3. コンテナ輸送　193
4. 国際複合一貫輸送　195

19. 通　　関 …………………………………………………… 199
1. 通関の概要　199
2. 通関業者による代行　201
3. 保税地域　202
4. 通関手続の迅速化・簡便化　203
5. 関税　205
6. 関税率の種類　205

20. 船積書類 …………………………………………………… 207
1. 船積書類の中核的書類　207
2. 船積書類の補足書類　209
3. 貿易決済書類としての船積書類　210
4. 運送契約関係書類としての船積書類　211
5. 船荷証券　211

21. クレーム …………………………………………………… 222
1. 貿易取引でのクレーム　222
2. クレームの解決方法　224

第Ⅰ部　取引先の選定から取引条件の交渉までの実務

1. 市場の選定

　企業が国境を越えてビジネスを展開しようとする際に，どの国のどの市場で展開するかを決めることが重要であるといわれます。もう少し専門的な言い方をすれば，マーケティング用語での国境を越えた参入市場・ターゲット市場の決定ということになりますが，ではどうしてこの海外の市場の選定が重要だといわれるのでしょうか。この章では，貿易取引などで企業が海外市場に参入する際の方法や考え方について検討します。

1. 市場選定の必要性

ターゲット市場
限りある経営資源
⇩
製品・市場の限定

　グローバルな企業は，世界中の市場を相手にビジネスをしており，いくつかの市場をピックアップしてビジネスしているわけではない，と思うかもしれません。世界の市場に向けてビジネスするかどうかが重要で，どの国の市場にするかなどは企業にとって些細な問題だと。

　ところが実際には，グローバルなビジネスをおこなっていると誰でもが思うような有名企業でも，全世界の市場を相手にビジネスを展開しているかというと，そうではないのです。これはなぜでしょうか。

　それは簡単にいえば，どんなに優れた商品でもターゲット市場を選定しなければ売れないからです。優れた製品を開発し，それを店頭に並べておけば，消費者が買いに来てくれるだろうと期待するほどビジネスは甘くありません。企業が多大の努力をした結果，消費者はその商品に関心を寄せ，その中の何人かの人は買ってくれるかもしれないと考えるのが現実的です。

　ビジネスに携わる人や経営学を少しでも学んだ者

ならば，ヒト・モノ・カネ・情報で表される経営資源という用語を使って次のように説明するかもしれません。企業の有している経営資源には限りがあり，その限りのある経営資源を効率的に投入しなければビジネス活動は成功裏に進まないのだと。ですから，企業は，世界中のすべての市場を相手にビジネスを展開することは困難で，限られた経営資源を効果的に使うために経営資源を特定の国の市場に集中させるようになり，その結果，全体の市場の中で一部の市場だけをターゲットにせざるを得ません。

　貿易取引とて同様です。いかに優れた商品でも，企業の努力なしに世界中で飛ぶように売れるような状況はないといって良いでしょう。現地の消費者にとっては，海外から来た知らないブランドの商品ですからなおさらです。

> **経営資源**
> ・ヒト
> ・モノ
> ・カネ
> ・情報

2. 市場を選択するグローバル企業

　書籍のインターネットによる販売をアメリカでスタートしたアマゾン・ドットコム（Amazon.com）は，今日では書籍だけに限らず家電製品や食料品まで商品リストに加えるほどビジネスを拡大しています。書籍の新しい形である電子書籍のコンテンツの販売だけでなく，その電子書籍のビューワーであるタブレット型携帯端末までも自ら発売して，それが話題を提供しています。日本の消費者にとっても馴染みのあるネット通販事業者となったアマゾンは一般に日本の消費者の間で，グローバルなビジネス展開をしていると思われています。

　アマゾン・ドットコムがアメリカ以外の国でイン

> **有名企業のグローバルビジネス**
> | | |
> |---|---|
> | 世　界 | 約200カ国中 |
> | Amazon | 7カ国 |
> | Starbucks | 約50カ国 |
> | McDonald's | 約120カ国 |

ターネットのサイトを通じてビジネスをおこなっているのが北米では隣国であるカナダであっても不思議ではないでしょう。ヨーロッパに目を転ずると，アマゾンが独自サイトを運営しているのは，イギリス(Amazon.co.uk)，フランス(Amazon.fr)，ドイツ(Amazon.de)，イタリア(Amazon.it)のわずか4カ国だけです。

アジアではどうでしょうか。実は，日本(Amazon.co.jp)の他は中国(Amazon.cn)でしか独自サイトを運営していません。もちろん，インターネットは国境を越えたビジネスを容易にするツールでもあるので，アマゾンは国外からの注文にも応えることは可能なのですが，そうであったとしても世界に200を超える国があることを考えると，アマゾンが独自サイトを開いている国が世界中でわずか7カ国であるというのは少ないと思います。

アマゾン・ドットコムほどではありませんが，スターバックス・コーヒーも状況は同じです。私たちは世界中どこでも，見慣れた緑のロゴ看板を見つけて，そこで淹れたてコーヒーを飲みながらゆっくり過ごせそうですが，実際にはスターバックス・コーヒーの店舗があるのは約50カ国だけです。それ以外の150カ国ではスターバックス・ラテを我慢しなければいけません。

3. 市場選定の方法

世界200カ国以上のどの国の市場で輸出販売するかを決めることは，その対象となる国の数からして難しい意思決定のように思われますが，現実には日

> **引合(Inquiry)**
> ・相手先からの問合せ
> ・不確実性の低減

常の輸出業務でそれほど輸出市場の選定に苦労しているという企業は多くはありません。

その理由はいくつか考えられますが，まずは企業が能動的に輸出市場を開拓するというよりも，外国企業からの引合(Inquiry)に応じて輸出取引を開始するというケースが少なくないことを指摘できるでしょう。海外からの引合による取引申し出を待っているわけですから，確かに消極的なビジネス展開だと批判する向きもありますが，輸出取引の開始のきっかけとして，海外からの引合は大切にすべきです。

なぜならば，海外の企業とて輸入して売れる見込みがあるから引合を出しているわけですから，現地での市場性を含めて不確実性の高いビジネスにならざるを得ない輸出取引にとっては，売れるか売れないか不透明だという心配を少なくとも海外からの引合は消し去ってくれます。

別の理由として，日本企業の海外ビジネスの歴史の長さが指摘できるでしょう。明治の開国以降，日本は戦争という不幸な時代を除き，一貫して海外との取引を拡大させてきました。おそらく日本の企業にとって未踏の国家は数少ないように思います。自社にとっては初めての海外市場でも，過去に別の日本企業が輸出取引をおこなっていることは十分に予想されます。

他社の実績から自社の輸出可能性を勘案することは，他社への追随だと批判されるかもしれませんが，不確実性の高い海外市場でのリスクを避けるために先達の企業の経験に学ぶという姿勢を批判すべきで

はないでしょう。

さらに，1980年代後半以降の日本企業のグローバル化は，海外に多くの拠点を作りました。大手企業の海外進出に追随した中小企業の海外展開も進んでいます。実は，日本からの輸出も日本への輸入も，海外に展開した拠点との取引，すなわち企業内取引であることが少なくありません。

ただし，このように既存の海外販路に頼ってビジネスを進めていると，日本の同業者が同じ国の市場に引き寄せられ，結果として海外の現地企業，その国に参入している日本企業以外の外国企業をさらに巻き込んだ日本国内よりも厳しい競争状況に直面することにもなります。また，海外からの引合を待つ，同業他社の輸出実績を参考にするといった市場選定のアプローチの場合であっても，ある程度は当該国の状況を理解して輸出取引を進めるべきです。

4. 市場選定の決定因：マクロ要因

市場選定のマクロ要因
経済的側面
文化的側面
政治的側面
法規制側面
技術的側面

潜在的な輸出相手国を評価したり，国家間で輸出可能性を比較したりするためには，多面的な調査が必要ですし，最終的には実際に現地に赴いて判断することも必要になるでしょう。まずは公表され入手が容易な二次的なデータを収集して判断することになりますが，そのデータは次のような側面で分類できます。

一般的には，その国の経済的側面，文化的側面，政治的側面，法規制側面，技術的側面から検討し，市場選定の意思決定に役立てます。

ただし，このような分類が絶対的かといえばそうではなく，企業の実情に合わせてまとめたり，分割したり，場合によっては除外したりすることもあるでしょう。

これら国家のマクロ的なデータは数多くの情報源から入手可能ですが，ジェトロ(JETRO: Japan External Trade Organization：日本貿易振興機構)が国内外のネットワークを使って収集したデータをインターネット・サイトでJ-File(国・地域別情報)として公開しています。すべての国ではありませんが，日本企業とビジネスの結びつきが比較的強い40カ国以上の情報が容易に入手できます。

(1) 経済的要因

その国の全体的な経済レベルと経済状況を見極めることは，当該国と関わったビジネスを進める上では重要であるといえます。もちろん，長期間で経済的負担の大きな対外直接投資(FDI: Foreign Direct Investment)をおこなう場合と，比較的短期間で個別の取引である貿易取引では，当該国の経済的要因の調査の幅も自ずと異なるでしょう。

具体的には，GDPに関連する数値(GDPの総額，1人あたりのGDP額，GDPの成長率もしくは減少率)，物価に関連する数値(上昇率もしくは下降率，各種の指数)，対外的な経済数値(経常収支，貿易収支，外貨準備高，対外債務残高，為替レート)，輸出入額などが項目として挙がります。

(2) 文化的要因

レビットは1983年にハーバード・ビジネス・レ

ビュー誌の「市場の国際化(Globalization of Markets)」という論文の中で，世界市場の同質化傾向を指摘しました。世界中の人々の嗜好が次第に似たり寄ったりになりつつあるので，グローバル企業もそれに合わせて，国際的に標準化された商品を販売すべきだという指摘でした。あれから30年が経った今，たとえばEU各国では標準化された共通の商品が売られているでしょうか。

現実には，共通通貨の導入とヒトとモノの国境を越えた出入りを自由にしたEU市場でさえ，それぞれの国が特徴的な商品を販売しています。なぜかといえば，それぞれの文化の違いが色濃く残っているからでしょう。文化の違いには，今でも注意を払うべきです。

具体的には，言語，審美観，宗教，社会階層などが調査項目として挙がります。

(3) 政治的要因

世界中には異なる政治体制が存在します。この政治体制の違いが，ビジネスに影響することが少なくありません。たとえば，独裁的な政治体制を採っている国では，国内の政治活動だけでなく企業の活動も制限されています。企業の意向とは関係なく，国家の政策の変更で貿易といった対外的なビジネスは影響されやすいのが実情です。

君主独裁制を採っている国では，王族関係者がビジネスの代表を担っているケースが多々あります。共産主義国家では経済的な開放政策が進められていますが，今なお，多くの企業が国営企業であり，外

資など民間資本の企業であっても国家の影響が完全にないと予想するのは早計です。

　2011年のアルジェリアで独裁政権に反対して始まった民主化の動きは，改めてビジネスへの政治の影響を思い起こさせることになりました。政治体制の変更は国内の混乱を招き，結果としてかなりの長期間にわたって対外的なビジネスの停滞を招くことになります。

(4) 法規制要因

　貿易取引に関してこれを網羅的に扱う法律は現時点では存在しません。各国が各国の法規制をベースに輸出入取引をおこなっていると考えた方がよいでしょう。ですから日本から輸出したからといって，すべてが日本の法規制に則していれば問題がないというわけにはいきません。たとえ日本の法規制をクリアしているとしても，輸入国の法規制では問題があっては取引は完了できません。

　具体的には，貿易管理制度，為替管理制度，関税制度，輸出入手続きに関するルール，知的財産権に関する制度などが挙がります。この他にも，輸出される商品によっては，関連する法規についても検討する必要があります。

　たとえば，医薬品や食品などはごく一部の例外を除き輸入し販売される国の法規に準ずるのが基本ですので，日本国内で販売していた医薬品や食品だからといって，そのまま海外市場で販売が可能であるとは限りません。また，日本では自動車に対する排ガス規制が厳しいため，アメリカの排ガス基準で作

られた自動車がそのまま日本国内で走ることはできません。

(5) 技術的要因

電気製品や自動車など耐久消費財は販売後のメンテナンスや修理が重要です。海外市場においては，製品のアフターセールス・サービスが思わぬネックとなるケースがあります。日本国内であれば簡単に入手できるパーツや部品が手に入らず，あるいは入手できたとしても修理できる会社や人材が不足しているといった状況があるからです。

電気，ガス，水道といった社会インフラのレベルも，通常はその国の技術的水準に正比例しています。停電が日常的に発生している国や，水道の蛇口をひねればいつでもきれいな水が出てくることを期待してはいけない国も，途上国を中心に数多くあるので，これらインフラにかかわる製品を輸出する場合は十分に事前の検討が必要でしょう。

5. 市場選定の決定因：ミクロ要因

市場選定のミクロ要因
市場状況
競争状況
社会状況
流通チャネル状況
日本との関係

世界200カ国以上のうち，どの国の市場に輸出参入するかを見極めるための調査ですが，一国の経済的状況や政治的状況が把握できたとしても，市場選択の意思決定に有力な手がかりとなるわけではありません。それは，市場の善し悪しを国家レベルで評価し比較し，たとえば経済的，政治的，法制度的に良好な国家であったとしても，その企業の輸出先として必ずしも適しているとは限らないからです。

意思決定で重要なことは，自社の製品なりサービ

スの輸出先市場として適しているかどうかを見極めることです。市場の選定は一般論としてではなく，自社のビジネスと関連させていなければいけません。

このような意味で，マクロ的な要因だけでなく，より重要な検討側面がミクロ的な要因だといえるでしょう。具体的なミクロ的要因の項目も，マクロ環境と同様，確定したものではなく，各社の事情に合わせて追加したり削減したりする必要があります。ここでは，ビジネスでしばしば利用される分類である市場状況，競争状況，社会状況に分けています。また，貿易取引で問題となる，流通チャネル，日本との関係についても検討しましょう。

(1) 市場状況

いくら経済水準が高い国でも，当該商品に対する需要が存在しなれば輸出取引を開始することはできません。ですから，市場規模をできるだけ正確に把握することがまずは重要になります。市場規模の測定は，言葉で表現すると簡単な作業ですが，現実には非常に難しい作業となることが多いのです。とくに海外から新たに入ってくる商品は，既存の市場に当てはまらない製品であることがあります。あるいは既存の製品の代替製品となり得る可能性をもっている製品である場合，代替率やそのスピードがどの程度なのかを予測するためには，相当に科学的で十分な調査分析が必要でしょう。

また，現時点での市場規模だけでなく将来の市場の成長性などダイナミックな市場規模の動向にも注意を注ぐ必要があります。成長著しい新興国や途上

国市場には，世界中から投資資金が流入し，その国のもつ経済力以上の勢いで拡大をしています。現在の市場状況だけでなく，将来の状況にも着目すべきでしょう。

(2) 競争状況

有望な市場であればあるほど，日本国内以上に熾烈な競争状況であることを覚悟しなければなりません。日米欧の先進国企業が世界で有望な市場にはこぞって参入していきます。最近では，新興国企業が低価格を武器に世界中の市場で存在感を増してきています。現地の企業も次第に経営資源を蓄えて能力を高めていくと，地の利を活かすという絶対的な優位性をもって外資企業と十分に競合できるようになるでしょう。

具体的には，競争相手となり得る現地企業の規模，日本以外の外資企業の市場参入動向，国内のライバル会社の動向などを検討することになります。

(3) 社会状況

現地市場の顧客の購買行動に影響する社会的な問題，たとえば人種構成，宗教，言語，社会階級，政治的対立の強弱などは事前に理解する必要があります。日本国内では，人種問題も宗教的な問題をビジネスの問題と関連づけて考えることが多くありません。所得格差が近年は話題になりますが，社会階級の問題とまでは至っていません。

しかしながら，世界中の多数の国々では，先進国，途上国を問わず人種や宗教や社会階級の問題が社会に影を落とし，消費者の購買行動にも少なからず影

響を与えています。ユダヤ教徒の消費者向けにコーシャーフーズのみを扱うスーパーや，南米からの移民の人々を対象にしている商品構成のアメリカのスーパー，大手チェーンストアに隣接して営業するアップスケールの高級業態スーパーなどの存在はそれを証明しています。日本企業，日本人は，宗教や社会階級の問題を軽く考える傾向にありますので，海外でのビジネスではとくに注意する必要があります。

(4) 流通チャネル状況　　国内と同じような販売チャネルを，海外で構築できると予想するのは間違っています。途上国には卸売機能そのものが発達していない国や地域もありますし，逆に非常に複雑な流通システムで商品が流れている国や地域もあります。

　したがって，輸出相手先として，自社の商品をその市場でうまく流通させるために，どのような流通ポジションの業者にするかを見極めることが重要になってきます。たとえば，卸売業者が物販で優位に立っている市場では，卸売機能に影響力をもつ商社などへの輸出は有効かもしれません。場合によっては，将来的に自社で独自の販売チャネルを現地市場で構築することを予定して，現地に販売子会社を設立し，そこを輸入窓口にすることを検討するケースも出てきます。

(5) 日本との関係　　政治とビジネスが関係していることは，2012年に尖閣諸島をめぐって中国国内で日本資本の店舗が被害にあったり，日本製品の不買運動が起こったり

と，当該国での販売に大きく影響したことを見ても分かります。このような状況は中国と日本に限ったことではなく，友好国であり同盟国でもあるアメリカでも過去には日本製品の不買運動が起こったことがあります。

政治的，外向的な懸案事項が，あることをきっかけにしてビジネスにも影響することを多かれ少なかれ潜在的な問題として認識する必要があります。

6. グローバル企業の標的市場戦略

デレク・エイベルは製品＝市場マトリックスを応用して，標的市場に対する戦略を5つのタイプに分類しました。標的となる潜在的仕様が市場1，市場2，市場3とあり，自社の販売可能な製品が製品1，製品2，製品3とあるとしたときに，市場の選択と製品の選択を組み合わせて，市場参入戦略を考えるというものです。

エイベルの考えは，世界200カ国，70億人の市場の中から，自社の限られた経営資源を効率的に使ってグローバルな市場展開をはかっていけばよいか，大きなヒントを与えてくれます。

① **単一セグメント集中型**

	市場1	市場2	市場3
製品1			
製品2	■		
製品3			

経営資源を1つのセグメントに全面的に集中させる戦略。

市場を絞り込んで，その市場にもっともフィットする製品を選んでそこに経営資源を集中的に投下するという戦略です。市場にもっともフィットする製品に経営資源を集中できるので，販売成功の可能性は高まります。

その反面，市場と製品を限定するので，販売の機

会を犠牲にすることになります。

② 製品専門型

	市場1	市場2	市場3
製品1			
製品2	■	■	■
製品3			

特定の製品を，さまざまな市場のニーズに適合させて販売する戦略。

複数の市場で共通の市場セグメントを見つけて，それにフィットする製品を選んで市場参入をはかっていくという製品主導の戦略です。市場は異なりますが同じ製品なので，マーケティングなどのコントロールは比較的効率的に実施できます。

その反面，市場環境の大きく異なる国での販売機会を犠牲にすることになります。

③ 市場専門型

	市場1	市場2	市場3
製品1	■		
製品2	■		
製品3	■		

特定の消費者を対象に，その消費者がもつ多様なニーズに対応して多種の製品を提供する戦略。

市場を限定的に選択しますが，そこでは十分な品揃えで販売をおこなうという戦略です。特定の重要な市場では多くのニーズに応えられ，市場も限定的なので，マーケティングも比較的コントロールしやすい市場主導型の戦略です。

④ 選択的専門型

	市場1	市場2	市場3
製品1			■
製品2	■		
製品3		■	

企業が魅力を感じる市場や経営資源の投下により収益が期待できる市場を選択する戦略。

市場環境の違いが販売に大きく影響する製品であったとしても，複数の市場で販売活動が可能となります。その反面，コントロールが難しい戦略です。

⑤ 全市場浸透型

	市場1	市場2	市場3
製品1	■	■	■
製品2	■	■	■
製品3	■	■	■

企業のあらゆる製品を,あらゆる市場セグメントに供給する戦略。

すべての市場ですべての製品を同じように販売しようとする戦略です。コントロールしやすそうにみえますが,限られた経営資源が分散するのでリスクの高い戦略ともいえます。

参考文献

Derek F. Abell, *Defining the Business: The Starting Point of Strategic Planning*, Prentice-Hall, 1980.（石井淳蔵訳『事業の定義：戦略計画策定の出発点』千倉書房,1984年）

2. 取引相手の選定

　企業がどのようなすばらしい製品を開発したとしても，またどのような魅力的な条件で商品を売り出そうとしても，自動的に取引が始まるわけではありません。当たり前のことですが，買ってくれる人がいて商品が売れるわけであり，売ってくれる人がいて買えるわけです。取引相手があって初めて取引が成り立つのです。この章では，どのように未知の海外企業を発見し，取引関係を創設していくかについて検討しています。

1. 取引先候補のリストアップ

　海外の取引相手を選定し，取引関係を構築するというプロセスが，貿易取引を開始する際の大きな障壁になる場合があるといわれています。国内取引でいうところの新規取引先の開拓ですが，これが国内取引と貿易取引では状況が大きく異なるというのです。貿易取引を開始しようとしても，国内のようにはうまく取引先が開拓できずに，結果として魅力的な商品が輸出取引に結びついていないというケースが見られるということです。

　なぜ貿易取引では新規取引先の開拓が困難なのでしょうか。それにはさまざまな理由があると考えられますが，単純には，国内で得られるビジネスに関する情報に比べ，海外から入ってくる情報は限られるということです。

　たとえば，ある企業が新製品の販路を検討の結果，GMS（大規模スーパー）に見定めたとします。この新製品を日本国内の大手 GMS で販路拡大をはかることが会議で決まったとして，担当部署の社員が短時

日本のGMS	
第1位	イオン
第2位	イトーヨーカ堂
第3位	ユニー
アメリカのGMS	
第1位	ウォルマート
第2位	クローガー
第3位	アルバートソンズ
韓国のGMS	
第1位	ロッテマート
第2位	Eマート
第3位	ホームプラス

間のうちに5社以上の具体的な取引先候補を挙げることはさほど難しくないでしょう。たとえ流通業界で働く人間でないとしても，日本の大手スーパーを5社挙げろといわれても，おそらく誰でもそれほどに苦労なしにリストアップできると思います。

海外に販路を拡大したい場合はどうでしょうか。国内同様に海外のGMSを中心に販売先を絞り込んだとしても，そのGSMにどのようにアプローチをすればよいか，即座に回答できる企業の担当者はほとんどいないかもしれません。それより，アプローチ方法の検討以前の問題があることに気付きます。海外のGSMを具体的にリストアップできるかというと，それほど簡単ではないのです。比較的情報の入ってきていると思われているアメリカの事情ですら，さてアメリカの大手GMSを5社ほど挙げろといわれて即座に答えられる企業担当者はどの程度いるでしょうか。Kポップのグループ名は挙げることができる人でも，韓国の大手GMSを3社挙げるのは難しいのです。

2. 取引先発見の方法

取引先となる可能性のある海外の企業をどのように見つけ出していくのでしょうか。具体的な個別企業をリストアップすることさえ困難な場合が多いことはすでに述べたとおりです。海外の細かな具体的な情報まで国境を越えて日本に伝わってこないからです。とはいえ，いかに輸出取引を望んでいても，海外からの商品の輸入に関心が高くとも，海外との取引は自動的には成立しませんので，何らかの方法

> **海外取引先発見方法**
> プッシュ型
> ・ダイレクトメール
> ・斡旋機関の活用
> ・海外出張の実施
> プル型
> ・海外広告の実施
> ・PR等コミュニケーションの実施
> ・国際見本市への出展

で海外の潜在的な取引相手企業を知る必要があります。

海外の取引候補となる個別企業をリストアップし、選別し、取引関係を成立させるためにはさまざまな方法が考えられます。大別するとプッシュ型の方法とプル型の方法に分けることができるでしょう。

プッシュ型の方法とは、輸出したい企業なり輸入したい企業が、自らのリスクと費用で積極的に取引候補となる海外企業に接近する方法です。たとえば、製品カタログを同封して当社と取引をしませんかとダイレクトメールを多数の海外企業に送付するなどの方法などは、このプッシュ型方法の典型でしょう。

プル型の方法もあります。簡単にいえば、相手先からのアプローチを待ったり、促進させる方法です。海外の企業からの「引合」(inquiry)と呼ばれる各種の問い合わせを促すために、たとえば、販売を予定する市場でマスメディアを利用した広告を展開したり、海外各地で開催されている国際的な見本市(Trade Fair)に出展するなどして現地の企業の関心を喚起する方法などは、このプル型方法の典型です。

プッシュ型方法とプル型方法のどちらを選択するか決めることは、簡単な問題ではありません。理想的には、適切なタイミングでプッシュ型方法とプル型方法を併用することです。たとえば、プッシュ型の広告出稿や見本市出展で製品や企業の認知度を上げておいて、その上で適切な時期を見計らってプル型のダイレクトなアプローチがあれば効果的に違いないからです。

とはいえ，多くの企業にとって取引先を選定するために投入できる資金や労力には限りがありますので，現実的には，払うべき犠牲とその成果やベネフィットを見極めながら，どの方法を使って海外企業へのアプローチをおこなうかを決めることになります。

(1) ダイレクトメール　　多くの国では商工業者のリストである商工人名録（Directory）が編集され出版されています。通常は業種別に分かれた企業リストの形式をとっていて，企業ごとにデータが整理されて掲載されています。この商工人名録や業界団体を通じて入手した企業データをもとに，ダイレクトメールを発送して潜在的な取引相手にアプローチするという方法が考えられます。

一般にダイレクトメールの効用について批判的な意見が多いのは事実ですが，しかしながら適切にコントロールされて実施しさえすれば，未知の取引先への有効なアプローチ手段だといえます。

かつて貿易取引は「センミツ商売」と揶揄されていました。しかしダイレクトメールを単に世界中にばらまくようなやり方では効果は期待薄ですが，適切な相手に適切な時期に，さらに重要なのは他のアプローチ手段と組み合わせてダイレクトメールを活用すれば，相乗効果も期待できるはずです。たとえば，国際見本市の開催に合わせて，有力な潜在顧客に見本市の開催案内も含めたダイレクトメールを発送したりメール送信したりするといった手法です。

ちなみに「センミツ」とは，1,000に対して3という意味で，効率の悪さを表しています。

(2) 貿易斡旋機関　　　代表的な日本国内の貿易斡旋機関としてジェトロ(JETRO：日本貿易振興機構)が挙げられます。ジェトロは，世界55カ国に73事務所，(2013年4月1日現在)を構え，700名以上の海外スタッフが日本企業の貿易や海外投資の支援をおこなっています。具体的には相談業務として，ジェトロが海外に配置している各分野の専門家が，日本企業の海外ビジネス展開に関する問い合わせについて，現地の感覚・目線で相談に応じています。また，輸出有望案件支援サービスとして，各分野の専門家が，製品や会社の状況にあわせて戦略を策定し，マーケット・バイヤー情報の収集や海外見本市の随行，商談の立会い，最終的には契約締結まで支援するという非常に手厚いサービス業務もおこなっています。

　　　　　　　　　　また，外国の政府が日本とのビジネスを拡大する目的で，日本国内に事務所を構えています。アメリカなどは，商務省による国家レベルだけでなく，州政府が日本で窓口をもっているケースも少なくありません。同様に，国際的な業界団体がグローバルなビジネスを促進する目的でオフィスをもっている場合もあります。

(3) 海外出張の実施　　　インターネットをはじめとする通信技術の発達と同時にコストの低下の恩恵を受けている状況では，わざわざ海外まで社員が出向いて仕事をするなど時

代遅れのような気がしますが，実際には海外出張は依然として重要な役割を果たしています。

ひとつには，製品やサービスが複雑になり，たとえば見本を送って相手に見てもらっただけでは，その製品の良さが伝わらないといったケースや，これまでにない新しいサービスなので，そのサービスの利点を容易に理解することが難しいようなケースです。そのための一番の解決策は，その商品やサービスについてよく理解している社員が取引相手に直接説明することです。

ビジネスに携わったことがある人であれば誰でも，最後は「人と人」が重要だと認識しています。ある案件でトラブルに発展し，その解決のために何十通もの電子メールを交換しても糸口さえ見つからなかった問題が，直接相手に会って調整したらわずか数分で解決してしまったなどという場面は，多くのビジネスパーソンが一度ならずとも経験していることでしょう。

貿易取引であっても同じで，実際に商品を携えて潜在的な取引相手企業に出向けば，商談がまとまる確率も高まると容易に想像できます。相手先の発見とて同じです。実際に社員が海外に足を運べば，現地でしか入手できない有力な情報を元に，取引先を開拓できる可能性は高まるでしょう。

また，文化的にフェイストゥフェイスのビジネスを好むといわれる地域が存在すると昔から指摘されてきました。そのような地域では，今でもやはり海外出張をしてビジネスを進めることが重要になるで

しょう。

(4) 海外広告

　　一般に広告というとテレビや新聞などのマスメディアを使った広告を思い浮かべますが，たとえば専門業界雑誌，業界新聞のように限られた範囲で流通する媒体も多く存在します。そのような媒体のなかには，「取引先求む」のような情報提供のスペースがあることを期待しても良いでしょう。

　　もちろん，海外市場で大々的にテレビコマーシャルなどマスメディアを使った広告を展開することもできます。結果として，消費者だけでなく関連する業者の関心も惹くことになり，新規の取引先の拡大につながることは容易に予想されます。

　　このように効果の大きい広告ですが，おそらく海外広告を実施する上で最大の問題は費用でしょう。他の方法に比べて多額の費用が掛かるわけですが，ただし費やした金額すべてが相手先の発見の費用ではありません。広告をおこなった結果，商品や会社の認知度が上がり，その海外市場での販売にも良い影響をもたらし，結果として売上増大につながると考えれば，考慮するに値する方法かもしれません。

(5) PR などのコミュニケーション戦略

　　企業が提供する情報に対して消費者やユーザーの信頼性を勝ち得るならば広告よりも PR が有効であることはマーケティング関連の書物には必ず書かれています。貿易取引も同様で，海外での広報活動は有効です。マスコミ各社に定期的にニュースレターを送付したり，業界団体の会合に参加したり，日本

国内のPR対策と同じような手法が海外でも採れるかどうか検討すべきです。

　一般に国際的なビジネスというと，ドライで合理的なやりとりを想像しますが，実際には日本国内以上にコネクションを大切にするビジネス文化も世界には存在します。そのような国では，短期的には効果のでないものの，地域に溶け込むための社会貢献活動やPR活動など地道なコミュニケーション活動が重要であるといえるでしょう。

(6) 国際的見本市の活用

世界の大規模展示場
ハノーバー(ドイツ)
フランクフルト(ドイツ)
ミラノ(イタリア)
広州(中国)
ケルン(ドイツ)
デュッセルドルフ(ドイツ)
パリ(フランス)
シカゴ(アメリカ)

　新規取引相手の発見も含めて，国際的にビジネス展開する企業にとって国際的な見本市は一考の価値があります。関東では幕張メッセや横浜パシフィコなどで毎週のようにさまざまな展示会が開催されているように，世界の主要都市には常設の見本市会場が複数あります。実はこの世界中にある見本市会場での開催日程は都合良く調整されているのです。幕張で1週間開催された次の週には韓国のソウルで開催され，次の週は広州で，その次の週はシカゴでといった具合に開催が重ならないようになっていることが多いのです。ですから，企業は1年365日通じて世界のどこかの見本市会場で自社製品が展示されているということが可能になります。企業によっては，海外での市場開拓は国際見本市を通じてのみおこなっているというケースもあるくらいです。

　見本市への出展の利点は，興味関心の高い人しか訪れないということでしょう。いかに優れた商品でも，興味のない人，欲しくない人に売り込むことは

不可能でしょう。ですが興味関心のある業者に売り込むことは比較的簡単です。そのような人が挙（こぞ）って集まる場所が見本市会場なのです。

見本市への出展にはコストが掛かりますが，おそらく費用以上の問題がエントリーの準備だといわれています。世界的に評価の高い見本市には世界中から業者が集まりますが，当然のことながら会場には物理的なスペースの制約があるために，希望すればかならず出展できるというわけではありません。見本市によっては半年以上前からエントリー準備を進める必要があります。

3. 企業内取引の増大

日本製の自動車や家電製品が世界中に輸出されてきましたが，輸入窓口の多くは海外の現地法人です。アメリカでホンダの自動車を輸入しているのはカリフォルニア・トーランスにあるアメリカホンダ社で，ヨーロッパでキヤノンのデジタル高級一眼レフカメラを輸入しているのは，オランダにあるキヤノン・ヨーロッパ社なのです。

WTO(World Trade Organization：世界貿易機関)の推計によれば，世界の貿易額の約3分の1がこのようなグローバル企業の企業内取引になっています。

企業内貿易では，しばしば多国籍企業の移転価格(Transfer Pricing)が課税回避の観点から関心を集めますが，企業内貿易はそうでない一般の貿易に比べて，経済的な環境変化の影響を受けにくいという指摘もあります。

グローバル企業の国際的な生産分業が進んでいることも、企業内取引を増加させている一因です。たとえば、日本の電機メーカーの白物家電(冷蔵庫、洗濯機など)では、センサーや制御など精密なコアパーツは日本国内で製造し、筐体(きょうたい)への組付けなどは海外の拠点でおこなっています。国内で販売されるにしろ、海外に輸出されるにせよ、ひとつの家電製品が出荷されるまでに数多くの企業内貿易が実行されているというわけです。

3. 信用調査

　取引をはじめる際に相手先を十分に調査してから具体的な交渉をすべきだとしばしば指摘されています。確かにビジネス環境は不確実性を高めており，企業の経営状況も短期間で揺れ動く時代です。ですので，取引相手となる企業がどのような企業であるかを事前に十分に調査する信用調査が重要だといわれる所以です。この章では，ビジネス・パートナーとして取引先を選定する際に，企業のどのような側面を調べたらよいのか，その信用調査をどのような方法で進めたらよいのかを検討します。

1. 信用調査の必要性

国内企業
⇩
調べなくとも
ある程度知っている

海外企業
⇩
調べないかぎり
ほとんど知らない

　信用調査(Credit Inquiry)の重要性を認識している企業であっても，いざ現実に個々の取引で確実に調査を実施しているかというと，必ずしもそうではありません。とくに国内での取引ではその傾向が強いといえます。

　国内でのビジネスで信用調査をおこなわなくても順調にビジネスが進んでいるように，海外との取引でも信用調査は重要であるけれども，敢えてやらなくとも問題ないだろうと考えるのは早計です。企業に関する情報の入手では，国内と海外では大きな隔たりがあることを忘れてはいけません。

　実際に国内取引の場合，まったく未知の会社と取引することがあるでしょうか？　たとえ新規の取引先であったとしても，その会社のことをまったく知らないということはないはずです。噂程度の情報かもしれませんが何某かの情報を基に，その会社と取引しても問題ないと判断した結果として取引に進んでいるのです。

ところが海外の企業の場合はどうでしょう。国内なら入ってくるかもしれない噂程度の情報も含めて,海外の個別企業に関する情報を入手することは期待できません。海外との取引では能動的な情報収集に努めない限り,まったく情報のないままその企業と取引せざるを得ません。このような意味で,貿易取引における信用調査の位置付けは,国内取引と異なることを理解する必要があります。

2. 信用調査の内容

信用調査の項目　4C
Character Capital Capacity Condition

取引相手として相応しいかどうかを判断するためにおこなう信用調査では,具体的にどのような内容を盛り込んだ調査が必要なのでしょうか。

信用調査の内容は,その調査の目的によって変わってきます。海外での合弁事業(JV: Joint Venture)開始のためのパートナー企業に対する調査と,販売代理店契約を締結するために一手販売権(独占的販売権：Excusive Distributorship)を与えるかどうかを決めるための調査とでは,その企業に関する調査内容も異なるでしょう。

ここでは,契約して出荷して決済するといった1回の取引で完結するような輸出取引の場合の,輸入相手先についての信用調査の内容について考えてみましょう。

取引相手先の信用調査内容は4Cで示されることがあります。信用調査の項目を4つに分類して,それぞれにCで始まる単語でネーミングしたことでそのように呼ばれています。具体的には,調査対象企業のCharacter, Capital, Capacity, Condition

の4項目です。

(1) Character

> Character
> 性格
> ⇩
> ・誠実さ
> ・熱意

会社のCharacter, つまり性格を調べるということなのですが, そもそも会社は法人格ですから, 人間のように性格を見極めるというのはおかしなことのように思われるかもしれません。ですが実際には, 企業にもそれぞれ人間の個性のようなものがあり, 同じ業種で同じような商品をビジネスする同じような規模の会社であっても, 会社の様子や雰囲気が同じであるとは限りません。企業文化(Corporate Culture)や組織文化(Organizational Culture)として関心がもたれるのも, このような違いがあるからです。企業という組織を構成するメンバー, 社員の間で共有された考え方にもとづいた行動原理や思考様式が, 会社によって異なるというのです。

商売相手となる取引先のCharacterの行動原理や思考様式で重要となるのは, まずは誠実性でしょう。細かなリクエストや作業にもしっかりとした対応をするかどうかは, 取引をトラブルなく確実に契約を履行する上で重要です。

次に重要だと思われるCharacterは, ビジネスに対する熱意でしょう。経営トップだけがビジネスに熱心で, 現場で働く社員に覇気がない会社が多いのも事実です。誠実で熱意のある企業との取引であれば, 相手先が海外の企業であろうとも取引を順調に進め, 問題なく完結できる可能性は高いといえます。具体的には, 当該企業の現地での評判(reputation)に関する情報を入手するように努めます。

(2) Capital

Capital
・財務状態
　⇩
・財務ストックデータ
・財務フローデータ

　信用調査の項目のCapitalは本来ならばFinanceと表記すべきところですが，Capitalには資本という意味があることから4Cに揃えるためにCapitalで示されています。取引相手の財務状態(Financial Standing)を事前に調査すべきであるというのは当然のことです。

　合弁事業のパートナー選びでは，当該企業の財務諸表(Financial Statements)をもとに十分かつ慎重な財務分析(Financial Analysis)をおこなう必要がありますが，海外との個別取引においても財務状態が健全な状態であるかどうかのチェックは必要です。

　具体的には当該企業の財務状態をストックとフローのデータに分けて検討することになります。ストックはいわゆる財政的な資産を差し，これには負の資産である借入金などのデータも含まれます。フローは主に売上高のデータが検討されます。財務状態がストックとフローの両方の側面で健全性が高いことが理想的ですが，現実には理想的な財務健全性を示す会社は少ないものです。場合によっては専門家のアドバイスを求めながら，当該企業の財務状態を検討することも必要です。

　また，当該企業の財務状態を示すデータを単年度だけで検討するのではなく，最低でも2～3年は遡ってその変化を検討することも重要です。最新での財務データで十分な売上があったとしても，実は前年度比では大きく落ち込んでいるような場合は，その企業が何らかの問題を抱えている可能性があります。逆に，最新財務データが貧弱な数字であっても，

過去数年間で急速に業績を回復している企業の将来には期待がもてます。

(3) Capacity

> **Capacity**
> ・営業力
> ⇩
> ・特約店数
> ・正規販売員数

企業にはさまざまな Capacity (能力) があります。たとえば，新製品の開発能力や技術力なども企業にとって重要な能力に違いありません。輸出ビジネスの海外の取引相手を信用調査する場合には，この技術力といった企業の能力よりも，むしろどれだけ販売力を有している企業であるかに関心が注がれます。販売力が高ければ，大量の注文が期待できるかもしれません。また，販売能力の大きな企業とは定期的に継続した輸出取引が期待できるかもしれません。

当該企業の営業力を詳細に測定することは非常に困難です。ましてや海外からの調査となれば，さらに困難さを増します。そこで大まかに営業能力を把握することになりますが，一般には営業力を当該企業の販路のボリュームとして評価検討することになります。つまり販路の充実している企業ほど，営業力は高いと見なすわけです。

具体的には，当該企業と取引実績のある販売店，特約店の数をカウントし，当該企業の正規の販売担当者数を見ることで，その企業の営業能力の大きさを大まかに測ることができます。

(4) Condition

信用調査項目 4C の中で Character, Capital, Capacity は，それぞれその会社の Character, その会社の Capital, その会社の Capacity ですが，4番目の Condition だけは異なります。その会社

> **Condition**
> ・カントリーリスク
> ⇩
> ・政治的安定度
> ・経済的安定度

を取り巻く Condition を意味しています。

会社と取り巻く Condition とは，調査対象となっている企業のある国のカントリーリスク(Country Risk)を考えます。カントリーリスクはもともと銀行が対外貸付をおこなう際に，その投資回収リスクを評価するために使った言葉ですが，今では広く使われています。カントリーリスクはその国のさまざまな安定度を評価して測るわけですが，貿易取引では主に政治的安定度と経済的安定度に注目します。

取引先企業としてみたときにはまったく懸念のない企業でも，いったんクーデターや内乱が起これば，現実の取引は中止せざるを得ません。代金回収も困難になるでしょう。近年，世界のいくつかの地域で情勢不安が高まっており，この4番目のCが重要であるといわれています。

3. 信用調査の方法

> 同業者信用照会先(Trade Reference)
>   メリット：調査コストが安い
>   デメリット：信憑性の懸念，情報漏えいの懸念
> 銀行信用照会先(Bank Reference)
>   メリット：調査コストが安い，信頼できる，情報漏えいがない
>   デメリット：情報量が少ない，報告書の解釈が難しい
> 商業興信所の利用(Credit Bureau/Credit Agency)
>   メリット：情報量が多い，特別な要求にも対応
>   デメリット：調査コストが高い，情報量が多くて判断が困難

(1) 同業者信用照会先　　国内の同業他社ならば，その企業についてある程度の情報はもっていると期待できます。調査対象と同じ国で，過去にあるいは現在，取引のある企業がある場合は，その企業に信用調査を依頼するということができるかもしれません。あるいは，日本国内

の同業他社が，調査対象となっている企業と取引があれば，その同業他社に当該企業のことを聞いてみることもできるかもしれません。このような信用調査の方法を，同業者照会先(Trade Reference)と呼びます。

　信用調査の簡便な方法ではありますが，一般的な方法にはなり得ません。というのは，この同業者信用照会先を使った場合に，懸念される事項が２つあるからです。

　ひとつは情報の信憑性です。調査を依頼した企業と調査対象の企業との間で，信用情報の提供について何らかの打合せがあった場合は，正確な情報が得られず，むしろ誤った情報でビジネスを進めるという非常に危険な状態になりかねません。したがって，信用照会先から提供される情報の信憑性に懸念がない場合に限り，この方法が選択される可能性がでてきます。

　もうひとつの懸念は，インサイダー的情報を第三者に提供することへの懸念です。情報照会を行うことにより，調査対象の企業と今後輸出入取引をおこなうかもしれないという予定なり計画を，事前に第三者に漏らすことになります。通常，民間企業では予定なり計画は，原則，社外秘となりますので，貿易取引の信用調査だけは例外とするわけにはいきません。

　別の言い方をすれば，この２つの懸念が払拭されるケースでは，同業者信用照会先が利用できるということです。これは，海外の現地法人や子会社に信

用調査を依頼するケースに相当します。子会社から提供される信用情報の信憑性を疑うということ自体がおかしなことですし，また，現地法人にビジネスの計画や予定を事前に開示したとしてもとくに問題はないでしょう。

(2) 銀行信用照会先

調査対象となっている企業の取引銀行を通じて，当該企業の信用状態に関する情報を入手する方法で，銀行信用照会先(Bank Reference)といいます。相手先企業の取引銀行は，一度でもその企業とコミュニケーションしていれば知ることができます。取引関係を築こうとする企業は，信用調査が可能な自らの取引銀行と店舗名をコミュニケーションの初期の段階で開示することがエチケットになっているからです。

銀行を使った信用調査にはメリットが多いので，貿易取引の信用調査では一般的にはこの方法が選択されます。大きなメリットとしては，同業者信用照会先では懸念される問題，つまり情報の信憑性の懸念と，第三者への情報漏洩の懸念が払拭されるからです。他業種と比較して金融機関は信用を重んじてビジネスを行っていると考えられます。ですから，銀行から提供される情報を疑いながら扱う必要なないでしょう。また，銀行には融資案件などを通じて企業の内部情報が集まりやすいのですが，いわゆるインサイダー情報の取り扱いについて，銀行は比較的に慣れていると考えてよいはずです。

銀行信用照会先の問題点は，おそらく提供される

情報の量が多くないという点でしょう。銀行は信用調査の依頼に応じて調査を実施して情報を提供するというのではなく，すでに保有している取引先企業の情報を提供するだけですから，結果として情報量は限定的になります。

一般に銀行は信用調査の依頼に対して調査費のような費用を請求することはありません。保有する情報の一部開示をするだけですから調査費を請求しないのは当然でもあるのですが，費用を支払って多くの情報を入手するということもできないわけです。

別の問題点として，銀行から提供される情報のうち，とくに依頼主として重視すべき銀行の当該企業に対する主観的な評価であるバンク・オピニオン(Bank Opinion)が曖昧な表現になりがちで，どのように評価すればよいかに多少の慣れが必要です。

銀行信用照会の直接的な依頼先は，調査対象となる企業の海外の取引銀行で情報提供先の銀行ではなく，自社の取引銀行に依頼することになります。情報提供する銀行の立場からすれば，自行のクライアントの信用情報を海外の第三者に開示するわけにはいかないからです。ただし，コルレス先(Correspondent Bank)となっている海外の銀行からの信用照会には回答することが一般的ですので，自社の取引銀行に依頼するという方法をとります。

(3) **商業興信所の利用**　同業者信用照会や銀行信用照会といった方法で海外の企業の信用調査ができない場合や，より詳細な情報が必要な場合には，信用調査をビジネスとして

いる企業を利用することも検討すべきでしょう。海外の企業から代理店契約の申し入れがあった場合など，銀行信用照会による信用情報だけでは明らかに不十分なケースが多々あります。通常，代理店契約には一定の期間の一定テリトリーでの独占的販売権が含まれます。契約期間が数年にわたる場合，当該市場での将来の販売計画に影響しますので，より慎重に信用調査をおこなうべきです。

　商業興信所(Credit Bureau / Credit Agency)がこのような企業のニーズに応えてくれます。商業興信所は調査業に分類される企業ですが，歴史は意外と古く，1800年前後にはすでにイギリスで調査をビジネスとしておこなう企業が存在し，その後，経済恐慌が襲うアメリカで調査ビジネスが広まったといわれています。

　現地の商業興信所に依頼する方法が一般的ですが，アメリカの大手調査会社であるダン・アンド・ブラッドストリート(Dun & Bradstreet)社のようにグローバルな調査業を営んでいる企業もありますので，このような国際的な興信所のネットワークを活用することもひとつの方法です。

4. 信用調査のタイミング

　信用調査をどのタイミングで実施するかが2つの点で問題になります。

　ひとつが，取引関係が結ばれて具体的な売買交渉に入るという過程の，どの段階で，相手企業の信用調査を実施するかという問題です。ビジネスのスピードが求められる今日では，市場を探索し，相手企

業を見つけ出し，信用調査を実施して，取引相手としてふさわしい相手と判明したら商談をスタートさせる，といった段階的な手順が必ずしもとれません。取引相手が見つかったならば，すぐさま交渉に突入しビジネスを進めるといった具合です。

取引のスピードは求めながら，しかし拙速なビジネスにはしないという微妙な経営判断が求められています。交渉相手となる企業の信用調査をキャンセルして取引に進むべきではありませんが，時間をかけてじっくりと信用調査をおこなうことも難しいのが現実です。

具体的な商談の開始にあわせて，場合によっては調査項目の4Cのうち幾つかを減らして，短期間で相手企業を見極めるといったことも考慮しなければなりません。新規取引相手の信用調査について考えてみましょう。信用調査項目4Cすべてではなく，ひとつだけピックアップするならばCharacterにすべきです。新規取引の場合，一般に試験的注文(Trial Order)で決済金額が小さいので，代金支払いに財政状態はほとんど影響しないと考えられるからです。誠実な対応をする企業であるかの見極めが重要になります。

信用調査実施のタイミングとしてもうひとつの問題は，信用調査の頻度，調査と調査の実施インターバルについてです。取引相手の信用調査では，新規の相手先の場合にのみ信用調査を実施するという企業もありますが，ほとんど個別企業の情報の入ってこない海外の取引先については，やはり継続した信

用調査が必要となります。企業の業績も経営環境も短期間で変化する時代にあっては，企業内で基準を作り，取引の実績に応じて，1年毎に調査を実施する企業，4年毎に実施する企業，アドホックな調査する企業といった具合に企業を選別して調査を実施することが望ましいといえます。

4. 取引条件の交渉

　市場の選定が終わり，潜在的な取引相手が見つかり，信用調査の結果も問題がないと判明したら，具体的な売買条件の交渉に入ることになります。売買条件の交渉といっても，担当者が海外まで出向いて商談を進めるというスタイルはそれほど多くはありません。とくに周囲を海で囲まれた日本の企業にとって，海外の企業に「出向く」のはそれほど簡単ではないからです。まずは，商品のカタログや見本を相手先に送付し，場合によっては価格表を添付することから交渉がスタートします。

　ところで，企業の営業担当者がしばしば「商談に出かけてくる」「契約が取れそうだ」といった言葉を使いますが，具体的に商談に出かけて何を相手先と話し合っているのでしょうか。売買契約が正式に締結される以前に，どのような条件が確定した段階で担当者は契約が取れそうだと認識するのでしょうか。

1. 商談の内容

　最終的に契約書を交わすまでには，売り手である輸出者と買い手である輸入者間で，多岐にわたる項目を合意確認する必要があります。ところが，実際の交渉のテーブルに上る項目は，それほど多くはないことに気付きます。主に交渉される項目は，商品そのものに関する項目，取引の数量に関する項目，輸出価格に関する項目，商品の受渡に関する項目，商品代金の決済に関する項目の5つです。

　この5つの項目を一般に取引の5大条件といいますが，売買契約を成立させるためにはこの5条件以外にも多くの条件を取り決める必要があります。たとえば，貿易取引では輸送距離が長くなり，輸送の環境も厳しいので，輸送手段に関する取り決めは重要でしょう。同時に，商品の梱包に関する取り決め

> **取引の5大条件**
> 品質条件：品番もしくは品質，品質決定時期
> 数量条件：契約数量，数量確定時期
> 価格条件：表示通貨，トレードタームズ
> 受渡条件：納期，受渡場所
> 決済条件：L/Cの種類，D/P，D/A，ユーザンス

も重要でしょう。ところが，ほとんどの場合，輸送手段や梱包の条件を輸出者と輸入者で交渉して決めるということがありません。

海上保険の条件も同じことがいえます。第7章で検討するトレード・タームズの違いによって保険契約者が異なり，CIFやCIPならば輸出者が，FOBやCPTならば輸入者が保険会社と契約することになります。海上保険条件も，オールリスクス(全危険担保)なのか，海損担保なのか，分損不担保なのか，全損のみ担保なのかなど，保険会社と条件について契約しなければなりません(第17章参照)。その保険条件を輸出者と輸入者で交渉して決めたということはあまり聞きません。

つまり，交渉で決める5つの条件と，交渉しないそれ以外の条件があるということになります。これをどのように考えればよいのでしょうか？　売買条件には交渉する条件と，交渉しない条件とを分ける何かの基準があると考えるべきでしょう。売買条件のなかの重要度を考慮し，より重要な条件の5つだけを実際に交渉し，他のより重要でない条件は交渉しないと考えるのは早計です。貿易取引で輸送や梱包や海上保険に関する条件が重要でないとは決していえません。

> **5 大条件以外の条件**
> 輸送条件：海運もしくは空輸，輸送ルート
> 保険条件：海上保険条件，保険特約
> 検査条件：輸出検査
> 梱包条件：荷姿，荷印，パッケージング
> 契約当事者：本人もしくは代理人
> その他の条件

　交渉する売買条件はどうしても交渉しなければならない条件で，他の条件は交渉しなくとも合意に達しやすい条件だと考えられます。つまり，売り手と買い手の利害が対立する売買条件であるか，比較的利害が一致しやすい売買条件かに分けられるということです。

　たとえば，輸出者が売り込みたい商品と，輸入者が購入したい商品は必ずしも一致しません。輸出者は，製造販売すれば十分な利益を期待できる研究開発費の回収の済んだ既存製品の販売を売り込みたいと考えるかもしれませんが，輸入者は，他社に先駆けて新技術を導入した画期的な新製品をいち早く調達して販売したいと考えるかもしれません。売り手は1度の注文で大量に販売したいと考えがちですが，買い手はリスクを下げるために多頻度少量注文を考えるでしょう。

　輸出価格はいうまでもありません。売り手はできるだけ高い価格で輸出したいわけですが，買い手は当然ながら少しでも安い価格で輸入したいと思っています。

　納期についても，貿易決済の方法に関しても，輸出者の思惑と，輸入者の意向が基本的には異なりま

す。ですから，この商品，数量，価格，納期，決済の5つの条件は，どのような取引であっても売り手と買い手の希望条件の調整が必要になります。

それに対して，たとえば貿易取引で輸出地から輸入地までの輸送手段の選択について，売り手と買い手はどのように考えているでしょうか？

おそらく輸出者は早くて安全で安価な輸送手段が良いと考えるはずです。輸入者も同様に早くて安全で安価な輸送手段が良いと考えるはずです。つまり両者の利害と意向が一致するのです。梱包の条件も，海上保険条件も同様に考えられます。このように利害が一致している条件については，輸出者か輸入者のどちらか一方が主導的に条件を決めて，その条件を相手側に連絡するだけで問題がない場合が多いと考えられます。結果として，売り手と買い手の間で交渉して条件を詰めるという作業が不要になり，利害の対立する5条件のみが商談の対象になるというわけです。

2. 商談の進め方

貿易取引の商談
商談 ⇨ オファーの交換
　　　⇩
　　具体的売買条件の提示
　　　⇩
　　5大条件の提示
　　　・品質条件
　　　・数量条件
　　　・価格条件
　　　・受渡条件
　　　・決済条件

国内取引のように，相手先に出向いて対面で商談を進めるというスタイルは，貿易取引では容易ではありません。輸出者は輸出地に居ながら，輸入者は輸入地に居ながら交渉を進めていくことになります。

交渉は一般にオファー(Offer)の交換で進みます。オファーとは，売り手ないしは買い手が相手側に具体的な売買条件を提示することを指し，売り手側が提示するオファーを売り申込み(Selling Offer)といい，買い手側が提示するオファーを買い申込み(Buying

4. 取引条件の交渉

貿易取引の交渉イメージ

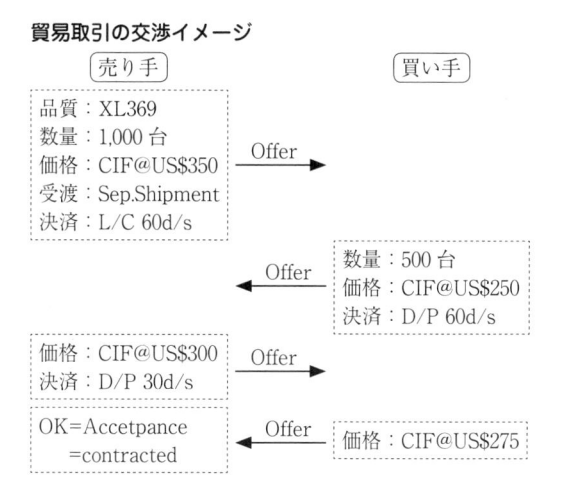

```
        ┌─売り手─┐                    ┌─買い手─┐
        
  品質：XL369
  数量：1,000台
  価格：CIF@US$350      ──Offer──→
  受渡：Sep.Shipment
  決済：L/C 60d/s
  
                                      数量：500台
                       ←──Offer──     価格：CIF@US$250
                                      決済：D/P 60d/s
  
  価格：CIF@US$300      ──Offer──→
  決済：D/P 30d/s
  
  OK=Accetpance         ←──Offer──    価格：CIF@US$275
   =contracted
```

Offer）と呼びます。売買条件を具体的に提示するという意味は、品質条件、数量条件、価格条件、受渡条件、決済条件の5条件すべてについて、一定の条件提示をおこなうことをいいます。

たとえば、品番が XL369 の商品（品質条件）、1,000ユニットを（数量条件）、CIF 単価 US＄350 で（価格条件）、9月積みの船積み（受渡条件）、代金支払いは信用状決済の60日為替手形（決済条件）で取引しませんか、と提示することがオファーです。

具体的には、まず売り手ないしは買い手のどちらか一方がオファーを発します。もちろん、これ以前に取引関係を開くことへの合意や、関係する見本やカタログなどが送付されています。

最初のオファーを売り手側からおこなうのか、買い手からおこなうかはとくに決まりはないものの、業界の慣例があるようです。この交渉の口火を切る最初のオファーを原申込み（Initial Offer, Original

Offer)といいます。

　このオファーに対して相手側が無条件での承諾(Absolute Acceptance, Unconditional Acceptance)を通知すると交渉は終了し，売買契約が締結されることになります。仮に，相手が提示した売買条件の一部に不満がある場合は，交渉が継続することになりますが，条件の修正を相手側に要求するよりも，希望する条件を逆提案する方法が一般的です。というのも，商習慣の異なる相手との取引では，たとえば商売の駆け引きやニュアンスが国内のようには伝わらないからです。このような逆提案のことを反対申込み・カウンターオファー(Counter Offer)といいます。

　交渉は結局，このカウンターオファーの交換になり，逆提案の可能性が消滅した段階で交渉が完結します。この間，カウンターオファーの交換途中は条件付き承諾(Conditional Acceptance)を表明していると見なされます。

3. オファーの種類

オファーの種類

Initial Offer / Original Offer	原申込み
Counter Offer	反対申込み
Firm Offer	確定売申込み
Offer subject to Final Confirmation	確認条件付き売申込み
Offer subject to Prior Sale	先売りご免条件付き売申込み

　オファーには，交渉の口火を切る原申込みと逆提案である反対申込み・カウンターオファーの他にもいくつかのバリエーションがあります。

(1) 確定売申込み・ファームオファー

　　売り手が発したオファーに対する買い手側の承諾回答に有効期限を付けて提示するオファーを確定売申込み・ファームオファー(Firm Offer)といいます。売り手側が早期に交渉をまとめようとするような場合に用いられることが多い条件提示の方法です。また，売り手側は売買条件を緩くすれば，相手の合意を取り付けやすくなりますが，以降の取引でもその条件が反映され，中期的な採算が崩れる可能性があります。このような場合にも，承諾回答に有効期限を付けて，今回の条件提示が特別であることを相手側に理解させることができます。

(2) 確認条件付き売申込み

　　売り手が発した原申込みに対して買い手が承諾回答をよせたとしても，売り手が再度，その条件を確認した段階で有効になるという確認条件付き売申込み(Offer subject to Final Confirmation)によるオファーで，通称「サブコン・オファー」といわれます。通常の交渉では，一方から出されたオファーに無条件の承諾の意思を通知すれば売買契約は成立したと考えられますが，このタイプのオファーは原申込み側の再確認が必要です。原申込みを発した側が，承諾回答を拒絶できることから，オファーというよりも引合や提案(Proposal)に近いと考えられます。

　　買い手から発するオファーにも確認条件付きである可能性がありますが，多くの場合は，売り手の作成する価格表(Price List)に "This contract is subject to our final confirmation"(本契約は当社の最

終確認を条件とします)という文言が記載される形で用いられます。これは，価格相場の変動の激しい商品の取引や為替変動の激しいときの不安定な輸出採算の際に売り手がリスク回避策として用います。

(3) 先売りご免条件付き売申込み

売り手側が発した原申込みに対して買い手側の承諾回答が寄せられた時点で，商品の在庫があることを条件としたオファーを先売りご免条件付き売申込み(Offer subject to Prior Sale)といいます。仮に，買い手からの承諾時点で売り切れていた場合，オファーは無効となります。たとえば，生産がすでに中止されている在庫品などを安価で売り切ってしまうような場合に利用される早い者勝ち方式の輸出交渉の方法です。

4. オファーによる承諾の効力発効

オファーの効力発効時点
発信主義：発信した時点で有効
到達主義：到達した時点で有効

売り手と買い手が離れた遠隔地取引の場合，意思確認にタイムラグが生じます。たとえば，確定売申込みで承諾回答に有効期限を付けた場合，その承諾回答がどの時点で有効となっているかが問題になります。つまり，7月31日を有効期限としたときに，買い手は7月31日までに承諾回答を発信すればよいのか，あるいは7月31日までに売り手の手元に承諾回答が到着しなければならないのか，といった問題です。前者を有効とする考え方が発信主義で，後者を有効とする考え方が到達主義です。

発信主義を採るか到達主義を採るかは，一般には当事者間での意思伝達がタイムラグを伴っておこなわれるか，即時的におこなわれるかによって判断さ

れると解釈されます。郵便や電子メールは発信時点が効力発生時となる発信主義を採ると解釈されますが、電話などは受信時点が効力発生時となる到達主義を採ると解釈されます。

ただし、このような解釈に国際的なコンセンサスがなく、これに起因する問題を解決するために「国際物品売買契約に関する国際連合条約(United Nations Convention on Contracts for the International Sale of Goods)」(ウィーン売買条約)が1988年に発効し、日本でも2009年から発効しています。このウィーン売買条約では、オファーも承諾も到達主義を採っています。つまり、ファームオファーの承諾回答は有効期限内に売り手に到着していなければなりません。

同様の混乱は、オファーの撤回についてもいえます。承諾回答に有効期限を定めたファームオファーの場合、大陸法の解釈では、有効期限内、オファーを輸出者は撤回できません。しかし、英米法では、輸入者が承諾通知を発信するより以前に、撤回通知を輸出者が輸入者に到達させることができれば撤回が可能です。

5. 品質条件

　貿易取引が国内の取引と異なるひとつが、遠隔地の取引であるという点です。とくに日本は陸続きの国がないために、海を隔てた遠い海外の相手企業との取引にならざるを得ません。この遠隔地取引であるということが、ビジネスのさまざまな局面に影響することになります。

　貿易取引される商品の打合せに関しても遠隔地取引の影響はあります。国内取引ならば、売り手が相手先企業まで商品見本を携えて説明に出向き、商品の移動が困難な重量物でも製造工場まで買い手に来てもらい説明をするといったことが容易にできます。しかし、確実に輸入契約が締結できるかどうか分からない相手先まで出向いて商品の説明をしたり、わざわざ海外から品質チェックのために呼び寄せたりすることは容易ではないでしょう。

　遠隔地の取引であるという条件の下で、どのようにして売り手と買い手は多くの品揃えから売買する商品を選別し、契約品の品質レベルを打ち合わせているのでしょうか。

1. 品質決定の方法

　品質決定の方法は、国内取引と同様に、まずは見本を使用して打ち合わせるか、あるいは見本を使わずに打ち合わせるかに大別できます。見本があり、見本が使えれば使うだろうし、見本がなく、見本が準備できなければ使わないと単純に思うでしょうし、実際の取引でもそのような判断だと思います。

　ところが売買契約で見本の有無は、売買様式に影響しますので、実は大きな問題でもあります。見本を用いて契約した場合は見本売買をおこなったと見なされますし、見本を用いずにその他の手段で契約品の説明で契約した場合は説明売買をおこなったと見なされます。見本売買は見本売買なりの売り手の

> **見本売買と説明売買**
> 見本売買 Sale by Sample
> 説明売買 Sale by Description
> 　　　　標準品売買 Sale by Standard
> 　　　　　　　平均中等品質条件　FAQ: Fair Average Quality
> 　　　　　　　適商品質条件　　　GMQ: Good Merchantable Quality
> 　　　　仕様書売買 Sale by Specification
> 　　　　規格売買　 Sale by Grade
> 　　　　銘柄売買　 Sale by Brand

　　　　　　　　　　義務，買い手の義務が発生し，同様に説明売買は品質説明の手段によって売り手の義務，買い手の義務が決まってきます。

　　　　　　　　　　見本を提供すると同時に仕様書で製品の性能を確定するといった具合に，代表的な契約商品の決定方法のいくつかを組合せて取り決める場合もあります。

(1) 見本売買　　　　商品の見本を提示して契約商品を決定する方法による売買が見本売買(Sale by Sample)です。どのような商売においても，見本があり，それが使えるのならば，見本によって契約商品を確認すべきです。たとえば，工業製品でしばしばいわれるモノとしての質感などは，言葉や映像やスペックでは伝わりません。やはり契約商品について誤解がないように，商品の現物を提示して評価してもらう方法が最善だといえます。

　　　　　　　　　　製造加工品は見本売買に適していると考えられますが，見本を用いないケースもあります。たとえば，重量貨物(Heavy Cargo)に分類されるような商品は，輸送コストが高いために見本を用いず，仕様書(Specification)によって説明売買されることがあり

ます。また，単価が極めて高い商品は見本を用いないこともあります。一般に見本は無料で提供されますが，多少単価の高い商品はサンプル価格を設定して買い手に見本を購入してもらいます。サンプル価格の設定さえも難しい高価品の場合は，やはり説明売買とならざるを得ません。さらに，業界内で極めて有名な商品で，すでに売り手も買い手も当該商品について理解している場合は，見本を用いて確認する必要性がなくなります。

(2) 説明売買

見本を用いずに売買契約を締結した場合は，説明売買(Sale by Description)として見なされますが，商品の品質の説明の仕方によって複数の説明売買様式があります。ここでは，代表的な説明売買についてみていきましょう。

① 標準品売買

日本は海外に食料を多く依存している国ですが，海外から輸入される農水産物のほとんどが，この標準品売買(Sale by Standard)で契約され輸入されています。野菜や穀物など農産物の取引も，見本を用いておこなうのが最善だといえますが，しかし現実には見本売買によって輸入される農産物はわずかで，大半がこの標準品売買で輸入されています。

これは，農業ビジネスの特徴に起因しています。農業生産者は，売れ残ってしまうと腐敗する販売リスクを考えます。そのため農業生産者は，原則として，売れると分かっているものしか生産しない，という立場で農業ビジネスを考えます。ですから，農

業ビジネスのベースは、契約栽培である作付け契約です。海外の野菜農家は、日本の商社や大手スーパーの契約にもとづく依頼に応じて、日本向けの野菜を作って、それを輸出するというわけです。したがって、契約時点では作物が収穫できる状態ではないので、提供できる農産物の見本がないということになります。

センサーなど測定技術の発達で、農産物の品質の善し悪しをスペックで決めるという方法も可能ですが、作付け契約による輸出入取引というスタイルが変わらない限り、この方法も適していません。天候など不確定な要因で農産物の品質や収穫量は左右されますから、作付け時点で品質水準を決められることにおそらく農業生産者は難色を示すでしょう。そこで、生産者も輸入業者もある程度納得できる品質の事前決定の方法として、平均中等品質条件（FAQ: Fair Average Quality）と、適商品質条件（GMQ: Good Merchantable Quality）があります。

平均中等品質条件とは、品質を事前に定めるのではなく、生産者が買い手に引き渡す農産物の品質が当該収穫季節における中等な品質レベルであることを条件とすることです。主に穀物類などの取引で使われる品質決定方法です。

適商品質条件とは、FAQと同様に品質を事前に決めるのではなく、売り手は買い手が受け取った時点で市場性がある品質、つまり商品として適する品質であることを条件とすることです。表皮の下の状態が不明な丸太や、解凍しないと品質チェックがで

きない冷凍魚のように，売り手側で品質の判断が困難な商品の取引で使用される品質決定方法です。

② 仕様書売買　　　　　規格や性能を数値データで示した情報一覧が仕様書です。見本だけでは詳細な品質情報が得られない化学薬品や精密な機械類などの取引で品質情報を補完するために用いられる他，重量貨物など見本の準備が困難な商品の場合にも用いられる品質決定方法が仕様書売買(Sale by Specification)です。

③ 規格売買　　　　　品質などを定める国際的規格がいくつか存在します。品質の格付け機関が下すグレードの信頼性が高い場合は，品質の判断を格付け機関に委ねることも可能になります。このような場合，品質検査の証明書などで品質レベルを担保して取引ができ，これを規格売買(Sale by Grade)といいます。

　　　　　　　　　　　国際標準化機構のISOのように世界中で利用される規格の他にも，日本のJISやJAS，ドイツのDIN，中国のGBなど各国が独自に定めた規格を品質基準とする方法もあります。

④ 銘柄(ブランド)売買　世界的に有名なブランド商品のなかには，当該商品の品質について売り手も買い手も業界内で熟知している商品があります。このような商品については，取引ごとにあらためて見本を用いて品質の確認を取ることが不要だと考えられます。商品の品番だけで売買がおこなわれることになりますが，このような品質の打合せを銘柄売買(Sale by Brand)と称します。

これに該当する商品は，単に有名ブランドであれば良いかというとそうではありません。品番だけで取引を実行するわけですから，業界内でその商品の品番が定着していなければなりません。一般には品番が定着するためには5年10年と長い期間を必要としますので，とくにマイナーチェンジを繰り返すファッション・ブランドは，世界的に有名であってもやはり見本を送付して確認するケースも少なくありません。

2. 品質決定の時期

国内取引と異なり物理的な移動距離の長い貿易取引では，輸出地から輸入地まで長期間を要する場合があります。輸送の環境も日本国内なら北海道から九州まで移動したとしても±20度程度の気温変化ですが，海外に輸送する場合は±50度以上の寒暖差を輸送するケースも出てきます。そのため，輸送途中で品質の変化が予想される商品の取引では，最終的な品質決定時点を事前に取り決めておく必要があります。

一般的には，船積時点の品質をファイナルとする決め方と，陸揚時の品質をファイナルとする決め方があります。基本的にはトレード・タームズによって決まることになります。ただし，商品によっては業界内特有の商慣習があるので注意が必要です。

(1) 船積品質条件

船積時点の品質をファイナルとする条件(Shipped Quality Terms)です。一般工業製品などで用いられることがあり，輸入者側からはしばしば第三者の検

査機関による品質検査の証明書の提出を求められます。

(2) **陸揚品質条件**　　陸揚時の品質をファイナルとする条件(Landed Quality Terms)です。陸揚時点で買い手あるいは第三者的検査機関の結果が品質の最終条件となります。化学薬品など工業原材料や食品原材料などに多く適用されます。

6. 数量条件

　貿易取引における数量条件について，3つの問題に分けて考えてみましょう。この章では，① 取引の数量単位の基準について，② 契約数量の過不足の対応，③ 数量決定の時点について検討していきます。

1. 取引の数量単位の基準

数量単位の基準と商品特性
重量 Weight
・原材料などバラ荷
容積 Measurement
・液体類
個数 Piece
・製造加工品
包装 Package
・セメント
長さ Length
・テキスタイル，ワイヤー
面積 Square
・板ガラス，床材，タイル

　貿易取引で用いられる数量の基準は，重量(Weight)，容積(Measurement)，個数(Piece)，包装(Package)，長さ(Length)，面積(Square)のいずれか，あるいはこれらの組み合わせになります。

　ある国では重量で売買される商品が，別の国では容積で売買されている，といったケースでは，輸出者と輸入者の商談のなかで調整をはかる必要がありますが，どの数量基準によるかは，取引される対象の商品の特性によっておおかたは決まってきます。

(1) 重量

重量（トン：ton）の3種類
メーター・トン(M/T：Metric Ton)
・1000kg，2204.6166…lbs.
重トン(L/T：Long Ton, Gross Ton, English Ton)
・約1016kg，2240lbs.
軽トン(S/T：Short Ton, Net Ton, American Ton)
・約907kg，2000lbs.

　小麦や鉄鉱石などいわゆる散荷(バラ荷，Bulky Cargo)などの取引は重量でおこなわれます。重量単位には，トン(ton)，キロ(kilogram)，ポンド(pound，記号は lb.)などの単位がありますが，とくに原材料取引などではトンが比較的多く用いられます。

　ただし，重量単位のトンは貿易取引では注意が必要です。というのも，日本では1tonが1,000kg以外には考えられませんが，実は世界的に統一されて

いないからです。1ton の正味の重さは，世界的には3種類存在します。

2,240lbs. を1ton とするのが重トン(L/T)で，英文表記では Long Ton, Gross Ton, English Ton などといわれます。キログラムで換算すると1,000kg を超えて約 1,016kg あります。次に，2,000lbs. を1ton とする軽トン(S/T)で，Short Ton, Net Ton, American Ton といいます。キログラムではわずかに約 907kg しかありません。比較的多く利用されている ton 単位が，1,000kg を1ton とするメートル・トン(M/T : Metric Ton)です。2,240lbs. のL/T と 2,000lbs. のS/T では正味の重さで12％の差がありますので，ton 単位を用いた取引ではどの ton を使うのかについて事前の打ち合わせが必要になります。

(2) 容積

液体類の取引では主に容積単位を用いますが，規定の容器で取引される商習慣がある場合はパッケージ単位で取引されることもあります。容積単位には，リットル(liter)やシーシー(cc: cubic centimeter)のように馴染みのある単位から，ポンド・ヤード法の容積単位であるガロン(gallon, 1gal=3.785412m^3)などさまざまです。バレル(barrel)もポンド・ヤード法の数量単位ですが，石油では 1barrel(US) は 42gal であるのに対して，石油以外の液体では 1barrel(US) が 31.5gal と異なるなど，慣れない者にとっては複雑です。

また，一般にポンド・ヤード法の容積単位はアメ

リカ系単位とイギリス系単位で正味の容積が異なることが多いので注意が必要です。たとえば，主に穀物の計量で用いられるブッシェル(bushel: bu)という単位は，ウィンチェスター・ブッシェルといわれるアメリカ単位では約35.24Literを指しますが，インペリアル・ブッシェルといわれるイギリス単位では約36.37Literのように異なります。

実は，ブッシェル単位はさらに複雑で，もともと穀物を容器(桶)で量るための単位でしたが，商品取引所では重量単位として用いられています。同じ容積に入る量は穀物の種類によって異なるので，1buはトウモロコシの重さは25.4kgですが大豆や小麦では27.2kgとされ，アメリカのシカゴ商品取引所(CBOT)に上場されているトウモロコシや小麦などの穀物はこの重量としてのブッシェル単位で取引されています。

容積単位として忘れてはならないのが $1m^3 = 1ton$ です。日常の生活ではtonは重量単位としてのみ使用されますが，貿易取引ではtonを容積単位として使用します。つまりtonには重量トン(Weight Ton)と容積トン(Measurement Ton)の2つが存在するということです。たとえば，重量で2,500kg，立方体での体積で $10m^3$ の自動車を，Weightで2.5ton，Measurementで10tonといった表現が使われることになります。

---

ton のまとめ
1ton
・容積トン
　$1m^3$
・重量トン
　2,240lbs
　2,000lbs
　2,204.6lbs

---

(3) 個数　　家電製品や自動車など製造加工品で付加価値と単価が高い商品の取引では，個数による取引が一般的

です。また，いくつかの製品を組み合わせてシステムを構成するような商品では，複数の商品をセット単位にして取引されることもあります。

Set，Unit など1個単位で取引される場合と，それを12個まとめた Dozen，12×10＝120個の Small Gross，12×12＝144個の Gross，144×144＝1728個の Great Gross などもあります。

(4) 包装

日常生活でも鶏卵は10個パックなどのように容器ごとで販売されています。このように取引の販売単位が箱，袋，樽などのパッケージで契約される商品が貿易取引でもあります。たとえば，建設用のセメントはそのままバラ荷の状態で放置すると空気中の水分と反応して固まってしまうので，防湿性の高い袋に入れて保管，輸送がおこなわれますが，結果的に販売の単位も袋になります。

(5) 長さ

一般に銅線やピアノ線のようにワイヤー状の商品は長さで取引されます。これとは別に，布地などテキスタイル類も織機によって織り幅が決まっている場合は長さのみで取引が可能です。長さの単位は，メートル(meter)のほかに，ポンド・ヤード法の長さの単位であるヤード(yard)やインチ(inch)などが用いられます。

(6) 面積

面積で取引というと土地などの不動産取引を連想しますが，ビジネスでは土地以外にも面積で取引するケースがあります。建材の取引ではしばしば用い

られ，たとえば，板ガラスや床材や天井材，浴室などで使用するタイルなども面積で取引される商品です。

2. 取引の数量決定時点　長期間の海上輸送などでは，輸送中に貨物の温度や湿度がかなり変動するケースがあります。貨物が湿気を吸収したり放湿したりして，積荷の重量が増減する可能性も出てきます。数万トンを超えるような貨物では，数100キロの増減が出る場合もあります。

　このようなことが予想される場合は，契約時に数量決定の時点を明確にしておく必要があります。具体的には，船積みした際の重量をファイナルとする船積数量条件(Shipped Quantity Terms)か，陸揚時の重量をファイナルとする陸揚数量条件(Landed Quantity Terms)かのいずれかになります。

　とくに取り決めがない場合は，トレードタームズに依存し，FOB，CIF，FCR，CIPなど積み地条件で契約した場合は，数量の決定時点も積み地がファイナルとされる船積数量条件であると解釈されると考えられますが，そもそも数量決定時点の事前確認が必要なケースは数量が変動しやすい特殊なケースであるので，トレードタームズにかかわらず相手側と確認をとるべきです。

　日本からの輸出の際，船積数量条件で数量を証明するためには，日本海事検定や検定新日本社などの公認の検量業者を利用します。この証明書を容積重量証明書(Certificate and List Mesurement and/or

Weight)といいます。この証明書は，船会社が請求する運賃の基礎データとなります。

3. 過不足認容条件

原材料や穀物類など大量のバラ荷を取引する場合，船積時に重量を厳密に測定することが困難です。また荷役作業中の貨物の散逸などで，厳密に契約通りの数量を引き渡すことも困難です。売り手としては，契約数量の一定の許容範囲を認めてもらわないと現実的には取引を実行できません。このような場合は契約書に過不足認容条件(More or Less Quantity Terms)を入れておく必要があります。

当初から数量の多少の増減が予想される場合に，ひとつの方法として具体的な数値の前に「about」や「approximately」の単語を付記するケースがあります。「信用状統一規則」のUCP600第30条a項(信用状金額，数量および単価の許容範囲)では，「about」や「approximately」が10％を超えない過不足の許容範囲を認めると解釈されるとしています。ですから，「about 10,000M/T」は9,000M/Tから11,000M/Tの範囲に収まっていれば，売り手としては契約違反にならないことになります。

ただし，信用状決済によらない貿易取引や，「信用状統一規則」の解釈を相手先が知らないといったことを考えると，この方法は推奨できる方法ではありません。

そこで，契約のいずれかの段階で，数量過不足を認める条項を合意しておく必要があります。具体的には，見積書(Estimate)や売約書(Sales Note)の中

で，次のような文言を数量条件として追加することになります。

"Quantity 5% more or less at shipper's option"（5％の数量過不足は輸出者のオプションとする）この条項を，過不足認容条件といいます。

4. 最小引受可能数量

商品単価を明記した価格表をもとに，買い手がきわめて少量の発注をしてきた場合，輸出事務作業が繁雑になるばかりか，輸送費が割高になってしまい輸出採算がとれなくなるケースが出てきます。そのようなケースが予想される場合は，1回分の最低注文数量を，交渉のいずれかの段階で明示しておけば，思わぬ損失を避けることができます。この条項を最小引受可能数量(Minimum Quantity Acceptable)といいます。

もちろんこの逆のケースもあります。たとえば，特定の天然資源などの需給が逼迫している際に，サプライヤーは多くの需要者に提供できるよう注文数量に上限を設けることがあります。この場合は，最大引受可能数量(Maximum Quantity Acceptable)となります。

7. 価格条件

価格条件では2つの検討課題があります。ひとつは，価格をどの国の通貨で表示するかという問題と，もうひとつが取引条件に応じた輸出価格や輸入価格の決定です。国内取引であるならば，商品の価格を日本円で表示して，日本円で決済することを売り手も買い手も予定しますが，海外との取引では，もちろん日本円での取引も可能ですが，いつでも日本円という訳にはいきません。また，国内取引に比べて，多額の運送費用や保険料，関税などの諸費用が発生しますので，これらを売り手，買い手のどちらが負担するか取り決める必要があります。

1. 価格の表示通貨

貿易取引の通貨選択
表示通貨　＝　決済通貨

貿易取引では日本円の他に外国の通貨で価格交渉がおこなわれるケースも当然ながら出てきます。どこの国の通貨で価格を提示して交渉するかという，通貨の選択を迫られるわけですが，もしも価格表示だけの問題であるならば，それは大した問題ではないかもしれません。つまりUS$100と価格を表示しようが¥9,000と表示しようが，US$1＝¥90であるならば経済的価値としては等価であるので，むしろ重要な問題は，売り手と買い手でこの取引をUS$1＝¥90で換算するのか，US$1＝¥95と見なすのかといった外国為替レート設定の問題であると捉えることもできます。

しかしこの表示通貨の選択は，単純に為替レートの問題として片付けられない事情があります。一般に価格の表示通貨で合意してしまうと，最終的な決済の通貨も合意したと解釈されるからです。つまり，

US$100 で価格を表示して契約した場合は，輸出者は最終的に US$ で輸出代金を受け取ることになり，輸入者は US$ で輸入代金を支払うことに合意していると判断されます。

　US$1＝¥90 であるならば，US$100 であろうが ¥9,000 であろうが価値は同じなのだからどちらでも良いという訳にはいきません。日本企業にとっては日本円の方が都合が良く使い勝手の良い通貨であることは間違いないので，US$100 を受け取ることと ¥9,000 を受け取ることはやはり意味が違ってきます。

　そこで輸出入決済を意識しての通貨の選択となるのですが，200 近くある世界中の通貨からの選択かというと，必ずしもそうではありません。現実には，世界の貿易取引で使用される通貨はかなり偏っていて，米ドル，英ポンド，日本円，ユーロなどのいわゆる主要通貨を使っての取引が大半を占めます。

　主要通貨が選好される理由はいくつかありますが，まずは貨幣としての安定度がその理由でしょう。貿易取引では取引の開始から完了までにかなりの時間がかかります。その間に，極端な貨幣価値の暴落が起こりにくい通貨で取引を進めようと多くの人々は考えることでしょう。

　また，通貨の流通性・利便性に企業は関心を示すことも理由のひとつでしょう。米ドル，英ポンド，日本円は，それぞれアメリカ，イギリス，日本の通貨であると同時に，世界の三大金融市場であるニューヨーク，ロンドン，東京を背景にもつ通貨でもあります。したがって，世界中の企業がこの 3 種類の

通貨に特別な関心を払ったとしても驚くに当たりません。ユーロが選好される理由は，ユーロ域内の貿易取引のほとんどが為替リスクの影響を受けないユーロ建てであることによります。

2. トレード・タームズ：貿易条件

> **トレード・タームズがコントロール**
> 費用の負担区分
> 危険の移転の分岐点

　貿易取引の最大の特徴は遠隔地取引であることですが，このことが取引のさまざまな側面に影響を与えています。売り手と買い手が物理的にも経済的にも遠く離れているために，売り手と買い手の間で発生するコストが，国内取引に比べて多岐にわたり，またそれぞれのコスト負担が大きくなります。輸出入の通関のための諸費用は国内取引では計上されませんし，貨物にかかる保険や輸送費は移動距離に応じて高額になります。

　輸出価格や輸入価格に影響するこれらコストのどの部分をどちら側が負担するかについて決めなければなりません。製造工場で輸出梱包する費用は誰が負担するか，輸出港までのトラック費用は，輸出検査・検量の費用は，倉庫料は，通関費用は，積み込みの費用は，海上保険料は，航空輸送費・海上運賃は，積下ろし費用は，輸入関税は誰が負担するかということです。

　これらの費用項目をひとつひとつ売り手と買い手で負担割合を決めることも可能かもしれませんが，非常に煩雑です。仮にいったん決めたとしても，取引が進むにつれて，新たな費用が発生するたびに話し合いがもたれ，それにより輸出価格・輸入価格が変わるというのでは取引そのものがスムースに進み

ません。

　実際には，FOBやCIFなどアルファベット3文字で表記されるトレードタームズ(貿易条件：Trade Terms)がこれら費用についてすべてコントロールすることになるので，売り手と買い手で煩雑で不確定な費用負担の調整をおこなうことはありません。

　トレードタームズは費用負担の区分の他に，商品の引き渡しに関する危険負担についてもコントロールします。国内取引のように物理的に近い当事者間で取引がおこなわれる場合は，仮に輸送途中で商品が損傷したとしても，その責任が誰にあるかの判断が比較的つきやすいといえます。

　しかし，日本から海外のように長い公海洋上を船舶で輸送するようなケースでは，責任の所在が曖昧になりがちです。公海洋上で船舶のトラブルなどが原因で商品が損害を受けたとします。もちろん，輸送を請け負った船会社や当該商品に掛けた海上保険の損害保険会社に責任を負わせることもできますが，その場合であっても誰が，つまり輸出者が船会社や損保会社と交渉するのか，あるいは輸入者が交渉するのかを決めておく必要があります。

　輸出者としても，すでに出荷した商品で代金回収も済んでいる商品の損害を船会社や損保会社と交渉しにくいと思います。輸入者としても手元に届いていない商品の損害は交渉しにくいでしょう。

　このように国際輸送途中のリスク負担の問題を事前に取り決めることは困難だと思われますが，現実にはトレードタームズがこのやっかいな作業を解消

しています。

このトレードタームズは，2013年現在でFOBやCIFを含めて11種類があります。詳細は第8章で検討します。

3. FOB/FCA 価格

FOBはFree On Boardの略称で「本船渡」，FCAはFree Carrierの略称で「運送人渡」といいます。FOBが在来型の船舶による輸送で使用されるトレードタームズであるのに対して，FCAはコンテナ船による輸送，航空輸送，陸上輸送で使用されるトレードタームズの区別だと考えて問題ありません。

長年の商習慣で，コンテナ輸送や航空輸送が一般的になった今日でもFOBで売買契約がされることが少なくありませんが，「インコタームズ2010年版」の中ではFOBではなくFCAを，CFRではなくCPTを，CIFではなくCIPを使用すべきだと明確な姿勢を示しています。インコタームズについては，第8章でくわしく検討します。

FOBとFCAの違いは，FOBが貨物の危険負担の分岐点を「物品が船上に置かれた時点」とするのに対して，FCAは危険負担の分岐点を「運送会社が物品を受け取った時点」としている違いにあります。コンテナ船や航空機のように，貨物がコンテナに入れられて輸送される場合，輸出地で貨物の状態を確認する実質的な最終地点は，コンテナが本船に積み込まれる時点ではなく，船会社や航空会社などのキャリアが貨物を受け取った時点だとするのは当然です。貨物がコンテナに詰め込まれてから積み込みが

完了するまで，コンテナ内部の貨物の状態を確認する手段がないからです。

コンテナ輸送でFOBを用いて契約をした場合，商品をコンテナに詰め込んで扉を閉めてから，そのコンテナが船舶に積み込まれるまでの間の貨物に損害が生じた場合に，危険負担の解釈で問題となるケースが出てきてしまいます。

FOBの解釈では，コンテナが船舶に積み込まれるまで貨物の責任は輸出者にあります。輸入地でコンテナから出した貨物にダメージがあった場合，輸出者の責任か輸入者の責任か判断できないからです。なぜならば，輸出地でコンテナが積み込まれる以前にダメージが出ていたのか，あるいは船舶に積み込み後の輸送途中でダメージを受けたのかが特定できないからです。

この場合，FCAを用いて契約しておけば，このようなトラブルは避けられます。輸入地でコンテナから取り出した貨物にダメージがあった場合，コンテナ会社が貨物を受け取った時点で貨物のダメージがなければ，たとえそのダメージが輸出地のコンテナ船に積み込む際に受けたものだとしても輸出者側には一切の責任がないことになります。

表記の仕方は，FOB/FCAの後に続いて輸出港・輸出地，それに続いて金額が記載されます。たとえば，FOB Yokohama US$95,000-，FCA Narita ¥8,500,000-となり，前者は，横浜港に停泊している本船の甲板上に貨物を置くまでの一切の費用と危険を売り手であ

FOB/FCA 価格の表記
FOB 輸出港　金額
　（例）　FOB Yokohama US$95,000-
FCA 輸出地　金額
　（例）　FCA Narita ¥8,500,000-

る輸出者が負担して 95,000 米ドル，同様に後者は，成田空港に隣接するキャリアのオフィスに貨物を引き渡すまでの一切の費用と危険を輸出者が負担して 850 万円という意味になります。

4. FOB/FCA 価格の内訳

FOB/FCA 価格の構成項目
Ⅰ　原価
Ⅱ　物流コスト
　　輸出梱包費
　　検査費用
　　国内輸送費
　　倉庫料
　　国内貨物保険料
　　通関費用
　　船積費用
　　検量費用
　　積み込み費用
Ⅲ　事務コスト
　　金利
　　通信費
　　為替管理費
　　雑費
Ⅳ　予想利益

FOB/FCA 価格には，「インコタームズ 2010 年版」の解釈に従えば，FOB の場合は貨物が本船の甲板に置かれるまでの一切の費用が，FCA では輸出地のキャリアであるコンテナ会社，航空会社のオフィスに貨物が持ち込まれるまでの一切の費用が含まれることになります。それ以降に発生するコスト，たとえば海上運賃，航空運賃や輸入関税などは FOB/FCA 価格には含まれません。

具体的には，商品原価に各種コストと利益を加えた価格が FOB/FCA 価格となります。商品原価とは，取引される商品そのものの価格のことで，メーカーの場合は製造原価であり，生産機能をもたない貿易商社の場合はメーカーから商品を買い入れる仕入れ原価となります。

FOB/FCA 価格に含まれるコストは大きく 2 つに分類でき，ひとつはいわゆる物流コストで，もうひとつは事務コストです。

物流コストは多岐にわたり，輸出のための梱包費，輸出検査や検量のための費用，港や空港までの国内輸送費，通関のために倉庫に蔵置する場合は倉庫料，海上保険を輸入者が契約する場合は国内貨物の保険料，通関費用，積み込みのための荷役費用などは，ほとんどの取引で発生するコストです。

また，貿易取引は比較的に事務経費の掛かるビジネスだといわれますが，代表的には金利，通信費，為替管理コスト，その他雑費が含まれます。

　この商品原価と諸コストに利益を加えた価格がFOB/FCA価格になるわけですが，利益率は取引の形態や取引の規模などによって異なるので一概に何パーセントが適当であるかを示すことはできません。ただし，国内取引と比較して不確定要素とビジネスリスクが高い貿易取引は，輸出者側の利益率が高めになっていたとしても不思議ではありません。

　輸出価格に占める利益額の計算は，企業によって異なる場合があります。商品の原価だけを対象にして利益額を算定するのか，あるいは国内輸送費，通関費用などの外部に支払う費用と社内的なコストも含めて利益額を算定するかによって異なってきます。同じ利益率でも，商品のみに利益を計上する方が輸出価格は安くなることになります。厳密にいえば，売買取引はモノを売って儲けるわけですから，利益も本来的には商品の原価に対してのみ計上するのが明解ではあります。

　しかしながら日本の商習慣では，取引に関連する費用もすべて含めた金額に対して利益を計上することが広くおこなわれてきました。ですので，一概にどちらの輸出価格の利益計算が好ましいかは判断ができません。例外的なケースを除いて，買い手である輸入者には輸出価格の内訳は開示しませんから，利益の計上方法について輸出者と輸入者でトラブルになることはありません。

むしろこれは輸入者の問題というよりは、輸出者側で注意すべき問題で、担当者や部署によって輸出価格の算定方法が違ってはいけません。つまり同じ商品を輸出する場合に、ある担当者の利益計上の方法と、他の担当者の利益計上の方法は同じでなければなりません。

5. 外貨建て FOB/FCA 価格

日本の会社の場合、輸出価格の積算のベースは取引通貨ではなく円ベースが一般的です。米ドルで取引する契約であったとしても、輸出価格を見積る段階で始めから米ドル建てですべて計算するのではなく、円建ての FOB/FCA 価格を出してから、それを一定の米ドルと日本円との為替レートで換算して米ドル建ての FOB/FCA 価格とするという方法です。

ここで問題となるのが、日本円と外貨の換算レート(Exchange Rate)をどのように設定するかです。日本は変動相場制を採っていますので、日々一刻と為替レートは変わります。常に変動する外国為替市場のレートに連動させて換算するという方法は、一見すると合理性がありますが現実的ではありません。なぜならば、邦貨立ての売値は一定でも、外貨建ての売値が為替レートに応じて常に変動することになるからです。たとえば、円建てならば 5,000 円と提示できる商品も、米ドルならば「時価」(Current Price)としか価格表に表示できなくなります。正式な契約時まで価格が定まらない商品の輸入取引を買い手が真剣に考慮するとは思えません。

そこで、外国為替市場の動向を参考にして、社内

的な邦貨から外貨へ換算する固定レートを設定することになります。これが外国為替の社内レートです。外貨建ての輸出価格算定では，この社内レートを用いることになります。

(1) 社内レートの設定

社内レートの設定		
輸出企業	→	円高設定
輸入企業	→	円安設定

　外貨建ての輸出価格を算定するために各企業は独自に社内レートを設定しています。ひとたび設定した社内レートは，外国為替市場のレートが変動したとしても一定期間は基本的には変更しません。メーカーは一般的に四半期ごと，すなわち3カ月間は社内レートを変更しません。

　外国為替レートの変動によるビジネスの影響を少なくするためには，できるだけ日々の為替レートに合わせた方が経営的には都合が良さそうです。しかし，メーカーの場合，海外での販売価格を考慮しながら製品の設計や仕様の変更をおこなうためには，最低でも3カ月間は社内レートを一定にしておく必要があります。社内レートを変更する度に，輸出採算を考慮して設計変更したりしなければならなくなるからです。

　商社など製品をメーカーから仕入れて海外に販売するビジネスモデルでは，社内レートの変更はより頻繁におこなわれ，一般には毎日，社内レートの変更がおこなわれます。商社はメーカーと比較して利幅が少ないビジネスとならざるをえないので，外国為替の変動による収益の変動により機敏に対応しなければならないといった事情もあります。

① 輸出企業の社内レート

```
May 10  輸出契約              July 5  輸出決済
契約金額 US$100,000-          契約金額 US$100,000-

市場レート US$1＝¥100 ⇨ 市場レート US$1＝¥80
社内レート US$1＝¥80

¥10,000,000 の輸出相当額      ¥8,000,000 入金
¥8,000,000 の入金期待         円高差損なし
```

　外国為替市場の動向を見極めながら，企業は社内レートを設定するわけですが，その基本的なスタンスは外国為替リスクの低減と収益確保にあります。そのため，日本の輸出企業の社内レートは，円高傾向で設定されることになります。

　たとえば，市場のレートが1ドル100円だったとしましょう。輸出契約金額が100,000ドルの場合，決済金額は100,000ドルですが，契約時点で日本企業は邦貨換算で100,000ドル×100円の1,000万円の入金を期待します。

　契約成立後，貿易決済が完了するまでの間に仮に1ドル100円から80円へと円高が進行したとします。そうすると契約金額である10万ドルは変更がなく，決済金額も10万ドルと変わりませんが，邦貨換算額は1,000万円から800万円へと減少してしまいます。いわゆる円高により為替差損が200万円発生したことになります。

　実際には，外国為替市場のレートをそのまま換算するのではなく，社内レートが設定されているわけですが，輸出企業の場合，社内レートを1ドル120円と円安で設定すると，当初の見込み邦貨換算額が

1,200万円となり、円高が80円まで進んだ場合は、さらに為替差損が広がってしまいます。

日本の輸出企業が、市場のレートが1ドル100円の時に社内レートを80円と円高に設定することで、仮に80円まで円高が進行したとしても短期的な為替差損は発生しないことになります。

このように考えると分かりやすいように、日本にある日本の輸出企業の社内レートは円高傾向で設定されていますし、輸入企業の社内レートは逆に円安傾向で設定されています。

② 社内レートと輸出競争力

社内レートと輸出競争力
¥10,000,000 輸出相当
・市場レート US$1 = ¥100
　販売金額 US$100,000-
・社内レート US$1 = ¥80
　販売金額 US$125,000-
・社内レート US$1 = ¥50
　販売金額 US$200,000-

社内レートは外国為替レートの変動による短期的な為替差損を被らないように設定されるわけですが、しかし、社内レートだけで外国為替リスクをコントロールすることは不可能です。

日本の企業にとって、輸出価格が10万ドルであるという意味は、円建てならば1,000万円で輸出できる商品を1ドル100円の為替レートで換算した結果が10万ドルになったということを指します。企業にとって重要な金額は、10万ドルという外貨建て輸出価格ではなく1,000万円の円建て輸出価格のはずです。ですから、1ドル100円の社内レートで10万ドルだった商品を、円高による為替リスクの影響を少なくするために社内レートを1ドル50円に設定して、500万円で輸出されるということは現実には起こりえません。500万円では採算に見合わず、1,000万円でなら採算が取れるからです。

もしも1ドル50円という社内レートを適用する

のであれば，円建ての輸出価格である1,000万円は採算ラインでキープしなければならないとすると，ドル建て輸出価格を20万ドルにする必要があります。

このように為替リスクを回避しやすいように社内レートを円高に設定すればするほど，外貨建て輸出価格を上昇させることになります。同じ商品で海外での販売価格が高くなれば，それだけ売れにくくなります。

したがって，通常，社内レートは外国為替市場の状況を見極めながら，現実的な水準に落ち着いて設定されることになります。

8. インコタームズ®

　インコタームズは貿易取引を実際に進める上で非常に重要で多岐にわたる条件について，その解釈を定めています。たとえば，買い手，売り手のそれぞれの義務を当事者間の交渉で決めるとしたら，相当な困難が伴うでしょう。このような問題を，一切コントロールするわけですから，インコタームズのルールがいかに重要かが分かると思います。この章では，インコタームズの最新版にしたがって，CIF, FOB, FCA, CPT などのトレードタームズについて説明します。

1. インコタームズとは

> **インコタームズ**
> 強制力はないが貿易取引に関する唯一の国際ルール

　インコタームズ(Incoterms) は International Commercial Terms の略で，国際商業会議所(ICC: International Chamber of Commerce)により，各国で異なる商習慣や貿易取引条件の解釈の違いが原因で起こるトラブルを避ける目的で 1936 年に初めて制定されました。その後も，港湾施設や荷役方法など貿易ビジネスに関連するインフラの変化に応じて改訂を繰り返しています。現在は 2011 年 1 月 1 日に発効した「インコタームズ 2010 年版(Incoterms2010)」が最新版となっています。

　インコタームズの規則は，アルファベット三文字(たとえば，FOB, EXW など)で表され，売主・買主間の物品の引渡しに関する役割や「費用の負担区分」(運送の手配と運賃の支払い，保険の手配と保険料の支払い，通関手続きと費用の負担等)と，「危険の移転の分岐点」について，それぞれの規則の下で売主・買主が行うべき義務をまとめた取引条件です。ただし，支払われるべき代金や支払い方法，物品の「所有権

インコタームズで規定されている売り手の義務と買い手の義務	
売り手の一般的義務	**買い手の一般的義務**
許可，認可，安全確認およびその他手続き	許可，認可，安全確認およびその他手続き
運送および保険契約	運送および保険契約
引渡し	受取り
危険の移転	危険の移転
費用の分担	費用の分担
引渡書類	引渡しの証拠
物品の検査，梱包，荷印	物品の検査
情報提供による助力および関連費用	情報提供による助力および関連費用

の移転時点」についてはとくに定めていません。

貿易取引では広く用いられて，貿易取引をインコタームズに則って進めることが当然のように思われがちですが，実はこのルールには強制力はありません。インコタームズにしたがって貿易取引を解釈し進めるかは当事者の任意です。しかし，現時点では，貿易取引に関連した取引のルールとしてインコタームズに代わるものはありません。したがって，売買契約書に「インコタームズ 2010 年版」にしたがって解釈して取引を進めることを契約書などで明示する必要があることに注意しなければなりません。

2. インコタームズの改正

前回改訂の「インコタームズ 2000 年版」から 10 年ぶりに改訂となった「インコタームズ 2010 年版」は，副題に ICC Rules for the Use of Domestic and International Trade Terms（国内および国際取引条件の使用に関する ICC 規則）と付いたことからも分かるように，これまでは貿易取引のみを対象としていたインコタームズの規定を国内取引にも適用しようという方向性が示されています。

8. インコタームズ

「インコタームズ 2010 年版」の 2 つのクラスと 11 規則

Ⅰ．あらゆる輸送形態に適した規則（Rules for Any Mode or Modes of Transport）
　EXW（Ex Works）：工場渡
　FCA（Free Carrier）：運送人渡
　CPT（Carriage Paid To）：輸送費込
　CIP（Carriage and Insurance Paid To）：輸送費保険料込
　DAT（Delivered at Terminal）：ターミナル持込渡（新設）
　DAP（Delivered at Place）：仕向地持込渡（新設）
　DDP（Delivered Duty Paid）：関税込持込渡

Ⅱ．海上および内陸水路輸送のための規則（Rules for Sea and Inland Waterway Transport）
　FAS（Free Alongside Ship）：船側渡
　FOB（Free On Board）：本船渡
　CFR（Cost and Freight）：運賃込
　CIF（Cost, Insurance and Freight）：運賃保険料込

このような方向性が打ち出された背景のひとつには，EU 域内の貿易取引の増大があります。EU 域内では基本的に商品が無関税で自由に取引されていますので，EU 国内のドメスティックな取引と EU 国間での国際取引を区別することで生ずる混乱が増えてきました。

またもうひとつの背景は，アメリカでは国内取引のルールとして「統一商法典（UCC: Uniform Commercial Code）」に代ってインコタームズを用いようという国内の動きの結果だといわれています。

また，今回の改正で明確に示されたのが，コンテナ輸送では FCA，CPT，CIP などコンテナ輸送に適したトレードタームズを使うべきであるという強い姿勢です。今日，海上輸送ではコンテナ輸送が主流を占めているにもかかわらず，長年にわたる商習慣により，コンテナ輸送による契約条件でも FOB，CFR，CIF を使用しているケースが多いのが実情でした。インコタームズは，本船の船上に置かれる

前に運送人に物品が引渡される場合，たとえばコンテナ・ターミナルで運送人に引渡されるコンテナに入っている物品の場合は，それぞれFCA, CPT, CIPが使用されるべきという立場を取ってきました。

「インコタームズ2010年版」では，2000年版の4条件が廃止され，新たに2つの規則を加えた合計11の規則で構成され，2つのクラスに分類されています。この中で，FOBやCIFといった従来から使われてきたトレードタームズが11種類の中では下段クラスⅡに追いやられています。2つのクラスの表記も，FOBやCIFが「海上および内陸水路輸送のため」と輸送手段を絞った限定的な表記であるのに対して，FCAやCIPのクラスでは「あらゆる輸送形態に適した」トレードタームズであるとしています。

これらのことから，FCAやCIPなどの新しいトレードタームズを積極的に使用すべきであるとする国際商業会議所，インコタームズの強い姿勢が「インコタームズ2010年版」には読み取れます。また，FCA, CPT, CIPは，海上運送だけでなく，航空運送，陸上運送にも利用できるとしています。

また，「インコタームズ2010年版」の改正では，FOB, CFR, CIFの各条件で危険負担の分岐点として想定されていた「本船欄干(Ship's Rail)」の文言が削除されました。物品の危険は「物品が本船の船上に置かれた(On Board)」時に売主から買主に移転するとしています。FCR, CIP, CPTなどは変更なく，「物品が運送人に渡された」時に危険負担は移転

します。

ちなみに INCOTERMS は国際商業会議所の登録商標です。それゆえ、2010年版では、「Incoterms® 2010」、「インコタームズ® 2010」と表示されています。

3. インコタームズの標準的取引条件

代表的なトレードタームズ
① 伝統的な条件
FOB(Free on Board)本船渡
CIF(Cost Insurance and Freight)運賃・保険料込
CFR(Cost and Freight：運賃込

② 比較的新しい条件
FCR(Free Carrier)運送渡
CIP(Cost and Insurance Paid to)運送費・保険料込
CPT(Carriage Paid to)運送費込

図表8-1　利用されるトレードタームズ

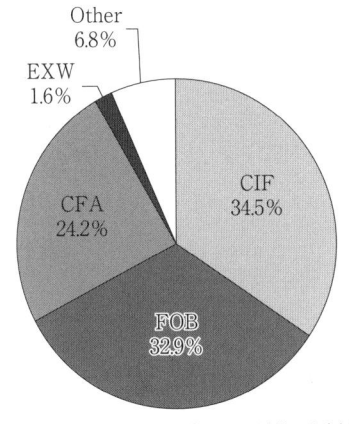

- Other 6.8%
- EXW 1.6%
- CIF 34.5%
- CFA 24.2%
- FOB 32.9%

出所：小林晃『ベーシック貿易取引(第5版)』経済法令研究会、2006年、p.101

2010年版のインコタームズでは、11種類の標準的取引条件について規定していますが、実際の貿易取引で、これら11種類のトレードタームズすべてが常に検討され、交渉されているというわけではありません。11種類のうち、利用頻度の多い上位6つのトレードタームズでほとんどの取引がおこなわれているといっても、それほど大げさではありません。

長い間、貿易取引は、FOB、CIF、CFR の3つの条件が使われてきました。これに「インコタームズ2010年版」で強調された比較的新しい3つのトレードタームズである FCR、CIP、CPT が加わった

といって良いでしょう。

　これら6種類のトレードタームズに共通することは，すべて輸出地で貨物に対するリスクが売り手から買い手に移ることと，取引でいえば，原則として貨物の所有権も含めて輸出地で売り手から買い手に商品に関連する権利が渡るという点です。

　このような取引条件を，積地条件と呼ぶことがあります。それに対して，輸入地まで輸出者がリスクを負担して，輸入地で貨物の関連する権利が売り手から買い手に始めて渡るような取引条件を，揚地条件と呼びます。

　現在主流のトレードタームズが積地条件であるのは，貿易取引にとってその方が都合がよい状況が増えてきたからです。たとえば日本の大規模な総合商社は，その豊富な資金力を基にバーゲニングパワー(Barganing Power)を発揮して契約をまとめようとします。そのため，大量に買い付けたさいに，輸出地で貨物に関連する権利を，輸入者である総合商社側に移してもらえば，そこから輸入国とは違う国への輸出が容易です。いわゆる三国間貿易といわれる取引形態ですが，揚地条件で三国間貿易をおこなおうとすると，いったんは貨物すべてを輸入地に運び入れ，その後で再輸出ということになります。

　また，輸出地から仕向港までの間，売り手側が貨物に関する権利を保持していると，その間はビジネスの展開が進み難くなります。輸送途中の貨物を買い手が処分できるような取引であれば，輸入貨物の転売なども容易にできます。ビジネスにスピードが

求めらる今日に合致しているのが積地条件であるといえます。

(1) あらゆる輸送形態(コンテナや航空貨物)に適したトレードタームズ

それぞれのトレードタームズを簡単にみていきましょう。

① EXW: Ex Works：出荷工場渡し条件

売主は，売主の敷地(工場)で買主に商品を移転しますので，買主が輸出地まで商品を引き取りに来るかたちになります。

輸出地の工場などで貨物を引き渡した以降の運賃，保険料，リスクの一切は買主が負担しますので，輸出通関の義務も売主にはありません。

売主の負担と義務が一番小さいトレードタームズです。

② FCA: Free Carrier：運送人渡し条件

売主は，指定された場所(輸出港のCFS：コンテナ・フレイト・ステーションやCY：コンテナ・ヤード等)で商品を運送人に渡すまでの一切の費用とリスクを負担します。運送人(Carrier)である船会社や航空会社やコンテナ会社に貨物を引き渡した以降の運賃，保険料，リスクは買主が負担します。したがって，輸入地までの運賃や海上部分の保険料は買主が負担することになります。

伝統的なFOBを広くコンテナ輸送や航空輸送などにも使えるようにしたトレードタームズです。

③ CPT: Carriage Paid To：輸送費込み条件

売主は，指定された場所(輸出港のCFSやCY等)で商品を運送人に渡すまでの一切のリスクと海上運

賃を負担します。

　FCAとの違いは，海上運賃を売主が負担する（CPT）か，買主が負担する（FCA）の違いにあります。ただしこの場合も輸送の費用だけを売主が負担するのであり，輸送のリスクは買主が負担していることになります。

　CPT条件は海上保険を売主か買主かどちらが付保するのか決めていませんが，通常，海上輸送中のリスクを負担する買主が付保します。

　伝統的なCFRを広くコンテナ輸送や航空輸送などにも使えるようにしたトレードタームズです。

④　CIP: Carriage and Insurance Paid To：輸送費込み条件

　売主は，指定された場所（積み地のコンテナ・ヤード等）で商品を運送人に渡すまでのリスクと海上運賃，保険料を負担します。

　FCAとの違いは，海上運賃と海上保険料を売主が負担する（CIP）か，買主が負担する（FCA）の違いにあります。ただしこの場合も費用だけを売主が負担するのであり，輸送のリスクは買主が負担していることになります。

　伝統的なCIFを広くコンテナ輸送や航空輸送などにも使えるようにしたトレードタームズです。

⑤　DAT: Delivered At Terminal：ターミナル持込み渡し

　指定された輸入地の輸送ターミナルまでのコストとリスクを売主が負担します。

　あくまでも荷降ししして貨物を引き渡す目的地のターミナルまでということです。ですから，当該仕向地での輸入通関手続きおよび関税は買主が負担する

ことになります。

　ターミナルとは，埠頭や倉庫，陸上・鉄道・航空輸送ターミナルを意味します。

　FCA，CPT，CIPと大きく異なる点は，売主は輸入地まで貨物の係わるリスクを負担しているところにあります。いわゆる揚地条件の一種です。

⑥ DAP: Delivered At Place：仕向地持込み渡し

　指定された目的地までのコストとリスクを売主が負担します。

　DATと異なる点は，目的地をターミナルに限定していない点にあります。したがって，引渡しはターミナル以外の任意の場所における車上・船上になります。

　荷降しは買主のリスクと費用でおこないます。

⑦ DDP: Delivered Duty Paid：仕向地持込み渡し・関税込み条件

　売主は，指定された目的地まで商品を送り届けるまでのすべてのコストとリスクを負担します。このコストには輸入地で科せられる輸入関税も含まれます。

　EXWが売主の負担と義務が一番小さいトレードタームズであるのに対して，DDPは売主に最大の負担と義務を負わせるトレードタームズです。

(2) 海上(コンテナ以外での輸送)および内陸水路輸送のためのトレードタームズ

　長い間，貿易取引で使用されてきた貿易条件ですが，とくに輸送手段の発達で現状とそぐわない部分が出てきています。本来ならば，コンテナ輸送や航空輸送で使用すると問題があるトレードタームズですが，現実にはまだ使われています。

コンテナでない在来型の船舶で輸送する場合は，当然ながらこちらのトレードタームズが適していますので，そのような輸送形態が続く限りはインコタームズに残ると考えられます。

⑧　FAS：Free Alongside Ship：船側渡し条件

売主は，輸出港で本船の横に荷物を着けるまでの費用とリスクを負担します。したがって，売主は，本船に貨物を積み込む必要はありません。

本船に積み込む場合は買主がおこなうことになりますが，実際にこのトレードタームズが想定しているのは，本船上に貨物を積み込まずに輸送されるようなケースです。

輸出通関の義務についての解釈は微妙で，「インコタームズ1990年版」までは，買主が輸出通関をおこなうように規定していました。ただし，現実問題として買主側で輸出通関をおこなうのは合理的ではありませんので，「インコタームズ2000年版」からは売主が輸出通関をおこなう規定になっています。

⑨　FOB: Free On Board：本船渡し条件

売主は，輸出港で本船に荷物を積み込むまでの費用とリスクを負担します。

「インコタームズ2000年版」ではリスクの移転のポイントを本船欄干としていました。つまり本船欄干を通過したかしないかが問題で，貨物が実際に甲板に設置されるかどうかは不問でした。「インコタームズ2011年版」の改正点のひとつがこの部分で，「本船欄干」という文言に代わり「貨物が船上に置かれた(On Board)地点でリスクが移転します。し

がって，On Board しさえすればすべてのことから免れるという Free on Board の表記に実際が近づいたといえます。

貨物の責任範囲が，輸出地の輸送人の事務所か，あるいは本船上かという違いはありますが，全体としては FCA に近いトレードタームズです。ただし，FOB は水上輸送のみを対象にしています。

⑩ CFR (C&F): Cost and Freight：運賃込み条件

売主は，輸出港で本船に荷物を積み込むまでの費用とリスクおよび海上運賃を負担します。

FOB との違いは，海上運賃を売主が負担する(CFR)か，買主が負担する(FOB)かにあります。ただしこの場合も輸送の費用だけを売主が負担するのであり，輸送のリスクは買主が負担していることになります。

1990 年のインコタームズ改正までは C&F と呼ばれており，現在でも C&F と呼ばれることがあります。C&F から CFR へと名称が変更されたのは，コンピューターの普及に伴い，Shift キー操作を必要とする「&」を名称の中に使用することを避けたためといわれています。

全体としては CPT に近いトレードタームズです。ただし，CFR は水上輸送のみを対象にしています。

⑪ CIF: Cost, Insurance and Freight：運賃・保険料込み条件

売主は，輸出港で本船に荷物を積み込むまでの費用，海上運賃および保険料を負担します。

FOB との違いは，海上運賃と海上保険料を売主が負担する(CIF)か，買主が負担する(FOB)かにあ

ります。ただしこの場合も費用だけを売主が負担するのであり，輸送のリスクは買主が負担していることになります。

　全体としてはCIPに近いトレードタームズです。ただし，CIFは水上輸送のみを対象にしています。

9. 受渡条件

受渡条件の内容		
What? 何を受け渡すのか？	⇨	品質条件で決まる
Whom? 誰に受け渡すのか？	⇨	原則は契約者である買主
Where? どこで受け渡すのか？	⇨	トレードタームズで決まる
When? いつ受け渡すのか？	⇨	納期の問題
How? どうやって受け渡すのか？	⇨	積替えや分割船積

　受渡条件(Delivery Terms)とは，貨物の受渡しに関するさまざまな取り決めを定めたものです。交渉の可能性としては，何を，誰に，どこで，いつ，どうやって，貨物を受け渡すかが交渉対象になりますが，実際には納期の問題と，積替えや分割船積みの可否の確認が中心です。

1. FOB/FCA の矛盾

FOB/FCA の矛盾
輸送の手配
原則：海上運賃を負担する
　　　輸入者が手配
　　　⇕
現実：輸出者が代行

　貨物の輸送を誰がコントロールするか，つまりどのような輸送手段を利用して，どの港から出荷し，どのようなルートで輸送し，どこまで届けるかといった意思決定を誰がおこなうのでしょうか。輸送に関する基本的な考え方は，船会社や航空会社などのキャリア会社に運賃を支払う側がオプションをもっているということです。

　日本から海外に輸出される場合，国内の港湾や空港までは陸路の国内輸送と，港から海外までの海上輸送，航空輸送の国際輸送となりますが，この国際輸送部分に関する選択権や決定権については，トレードタームズによって自動的に決まることになります。

　たとえば，CIFやCIPは輸出価格に運賃が含まれますので，輸出者が運賃を負担している(Freight Prepaid)，つまり船会社などキャリアに支払ってい

ることになります。この場合は，輸出者が国際輸送について，船積港や航路の選定の選択権や決定権を有しています。

　FOBやFCAでは，輸出は運賃取り立て(Freight Collect)となり，輸入地で輸入者が運賃を支払うことになります。したがって，国際輸送部分の選択権や決定権は輸入者が有していることになります。

　しかし，実際にはFOBやFCA契約であっても輸出者が国際輸送の手配一切をおこなっているのが一般的です。

　輸入者としても，輸出地で工場から港の保税倉庫に搬入される時期と通関の完了時期を予想しながら，一番都合の良いスケジュールで船舶に予約を入れるのは至難の業です。輸出者としても，本社の所在地とは異なる生産拠点から商品を出荷する際に，一番都合の良い輸出ポイントを自由に選べないということになります。海外の生産拠点から直接に商品を出荷するようなケースでは，輸入者に国際輸送のイニシアティブを握られるとビジネスが進めにくくなることも予想されます。

　このように，FOBやFCAでは，国際輸送の選択と決定について，原則は輸入者側，現実は輸出者という一種の矛盾が生じているのが実情です。しかしルールはルールですので，慎重にビジネスを進めるためには，FOB契約やFCA契約であっても輸出者は輸送の手配を開始する前に，輸入者側に船積手配に関する了解を取っておく必要があります。

2. 受渡場所

商品の受渡場所
FOB/CIF/CFR など	⇨	輸出港の本船甲板上
FCR/CIP/CPT など	⇨	輸出地の輸送人の貨物引き渡し場所
DAT/DAP/DDP	⇨	輸入地の指定された場所

意外かもしれませんが，通常の取引では受渡条件として貨物の受取場所を確認することはありません。なぜかというと，FOB/FCAやCIF/CIPといったトレードタームズに関するインコタームズの規定によって貨物の受渡の責任範囲が規定されてしまうからです。

たとえば輸出者はFOB契約ならば輸出港に停泊している本船の甲板まで責任がありますので，輸出地の本船上が貨物の受渡場所という解釈になります。

コンテナ輸送や航空貨物などのFCA契約ならば，輸出者は輸出地のキャリア，つまりコンテナ会社，船会社，航空会社の貨物引渡地点まで責任があるので，輸出港のCY(コンテナ・ヤード)かCFS(コンテナ・フレイト・ステーション)か航空会社の貨物引き受けオフィスが貨物の受渡場所という解釈になります。

CIF，CFR契約の場合，輸出者は輸入地まで貨物の輸送を手配する責任がありますが，輸送の手配だけで，貨物の引渡しの責任範囲はFOB/FCAと同じように，輸出地までですから，貨物の引渡場所も輸出地となります。CIP，CPT契約の場合は，輸出地のコンテナ会社，船会社，航空会社の貨物引渡場所が，貿易契約における貨物の受渡場所という解釈になります。

DAT/DAP/DDPなど，揚地条件のトレードタ

ームズでは，輸出者は輸入地まで貨物に関する責任がありますので，受渡の地点も輸入地になると解釈されます。具体的には，DAT は船会社のターミナルなど，DAP は輸入港に停泊している本船上，DDP は輸入者の戸口までなどになります。

3. 受渡方法

　輸出者と輸入者の間でとくに取り決めがない場合，貨物をどのように受け渡すかについては受取場所と同様にトレードタームズで自動的に決まると考えられます。ただし，CIF, CFR, CIP, CPT といった輸入地までの輸送の手配を輸出者がおこなっているトレードタームズでは，若干の注意が必要です。輸入地に貨物が到着して，荷下ろしされ，通関前に保税倉庫などに蔵置されることになりますが，荷下ろしに特別な費用が発生した場合や，倉庫までの貨物の移動に費用が発生した場合など，その費用を輸出者か輸入者のどちらが負担するかでトラブルとなることがあります。

　費用だけでなく，輸出通関が売主の義務となるのか，あるいは買主の義務なのか，輸入通関も同様に売主か買主のどちらの責任でおこなうべきかといった問題も出てくる可能性があります。

　このように，受渡場所や受渡方法はトレードタームズで自動的に決まるものだと安心してはいけません。たとえば，輸出者は，CIF, CFR では輸入港に本船が接岸するポイントが輸出者側の責任のファイナルであるといった主旨の確認を事前に輸入者とおこなう必要があります。

4. 積替え可否

複合一貫輸送
⇩
連続した貨物の積み替え

　積替え(Trans Shipment/Transhipment)は文字通り貨物をある輸送手段から別の輸送手段に移し替えることを意味しますが，輸出者と輸入者が意図しない積替えもありますので，契約書では積替えを認めるとの記載が安心です。

　たとえば，いったん船積が完了した後で，船会社の事情で本船が変更になった場合や，途中の寄港地で別の本船に貨物が移された場合でも，解釈上は貨物の積替えがあったと見なされる恐れが十分にあります。とくにコンテナ輸送の場合は，在来船に比べて貨物の積替えが容易ですから注意が必要です。

　また，近年，複合一貫輸送が増加していますが，たとえばヨーロッパまで北米大陸経由で輸送するNALB(北米ランドブリッジ)というルートを利用すると，アメリカ西海岸まではコンテナ船で輸送し，西海岸のいずれかの港でトレーラーに引き渡され陸上輸送で東海岸まで，そこから再度，大西洋をコンテナ船で輸送となります。貨物もコンテナに入ったままですが，輸送手段が海・陸・海と替わる度にコンテナの積替えがおこなわれているという解釈も成り立つわけです。

5. 分割船積み可否

　分割船積み(Partial Shipment)は，輸入者側からすると，契約品が複数回にわたって輸入されるので，輸入業務が煩雑になり，それに伴ってトラブルが発生する確率も高くなりますので敬遠されることになります。しかし，分割船積みについても貨物の積替えと同様に意図しないケースがありますので，輸出

者側からすると契約書では分割船積みを認めるとの記載が安心です。

　本来は，大量の注文などで生産が間に合わないような場合に，生産完了分から順次輸出するような場合に分割船積みが検討されることになります。その際も，あまりに頻繁に出荷すると，輸出業務も輸入業務も煩雑になりますので，1カ月に契約数量の半数を2カ月にわたって2回に分割して船積みするといった取り決めが必要になります。

　意図しない分割船積みとは，たとえば契約数量が100個ですが，船積時点で何らかの事情で90個しか船積みできなかったとすると，後日別便で10個を出荷することになります。この場合は，契約数100個を90個と10個で2回に分けて分割船積みをおこなったという解釈になります。分割船積みを認めないという契約だとすると，明らかに輸出者の契約違反になりますし，もしも分割船積みを避けて90個の出荷に止めるならば，今度は数量条件の契約違反となるわけです。このようなケースを避けるためには，分割船積みを予定しない場合でも契約書には分割船積みを認める旨の記載が輸出者としては望まれます。

> 契約数量100個を90個と10個で別送
> ⇩
> 分割船積みとみなされる

6. 受渡時期

納期の表記
Time of Delivery
Time of Shipment

　貨物の受渡の時期については，コミュニケーション，言葉，単語の問題が重要となります。「受渡」という日本語に相当する英単語は「delivery」です。ですから，「受渡時期」は「Time of Delivery」になるわけですが，この「Time of Delivery」を用いてのコ

9. 受渡条件　93

ミュニケーションがトラブルを生む原因となります。

　日本語の「受渡」は，2つのアクション，つまり貨物を「受け取る」ことと貨物を「引き渡す」という行為を合わせて表現した言葉です。貨物を受け取る相手と，その貨物を引き渡す相手との物理的距離が小さい場合は実質的な問題は起こりませんが，日本との貿易取引では貨物の移動距離が長くなるため，受取と貨物の引渡のタイムギャップが大きくならざるをえません。

　5月1日に日本を出航したコンテナ船が，6月20日に欧州に到着したとします。この場合，受渡の時期は5月1日なのでしょうか，それとも6月20日なのでしょうか。「Time of Delivery」，「受渡時期」という言葉の解釈では，どちらの場合も当てはまることになるので，当然ながら輸出者と輸入者の間で納期についてトラブルとなるでしょう。

　貿易取引で納期を一般に「Time of Shipment」で表す理由はこのような事情からです。特別な取り決めがない限り，輸出地での船積完了をもって，これを納期とするという考え方が一般的です。

(1) 船積時期の確定

最終船積日の証明
B/L：船荷証券の日付

　船積完了をもって納期とするので，輸出者は輸入者に船積時期を証明する必要があります。在来船を利用する場合は，本船から荷主に本船受取証（M/R: Mate's Receipt）が発効されたことで船積完了を証明することができます。ただし，本船受取証はこれと引き替えに船会社から船荷証券（B/L: Bill of Lading）が発行されますので，一般的には船荷証券の日

付(B/L date)をもって船積日とされます。航空貨物なども同様に貨物受取証(Waybill)の発行日が納期として解釈されます。

7. 納期の決め方

(1) 直積み

> **納期の決め方**
> 直積み：日時を指定せずできるだけ早い船積
> 単月納期：特定の1カ月間に船積
> 連月納期：連続する複数月の間に船積
> 日時指定：特定の1日に引渡
> その他の方法

船積の時期を限定せずに取り決める方法のひとつです。輸出者は、できるだけ努力をして早い船積を実行するという解釈です。国内取引では、しばしばこのような納期の打合せでビジネスが進むこともありますが、貿易取引ではできれば避けた方が良い方法です。

というのは「早い時期」の解釈が曖昧であり、国際的にも時間の感覚は想像以上に異なるからです。ある人は、早いというからには1週間以内を期待するかもしれません。しかし、4週間以内の船積なら十分に早いと考える輸出者もいるでしょう。

直積みの英語表現は、Prompt Shipment, Immediate Shipment, ASAP(As soon as possible) Shipmentなどが使用されますが、たとえばPromptとImmediateのどちらがより早いのかといったコンセンサスはアメリカでもないといわれています。

(2) 単月納期

特定の1カ月を船積の期間とする取り決め方法で、貿易取引では広く一般的に用いられています。たとえば、7月積み(July Shipment)は、7月1日から7月31日のいずれかの日時に船積みすれば良いという解釈です。直積みのように、時間に関する主観的な判断の違いも避けられます。厳密にいえば、時差の影響で7月31日の終了が世界同時ではありませ

んが，当然ながら輸出地点での時間で判断されることになります。

　実務的に注意すべき点は，7月積みで7月1日や7月31日が土曜日や日曜日に当たっていた場合です。多くの種類の取り決めでは，有効期限の最終日が休業日に当たっていた場合は，自動的に次営業日まで延長されることが多いのですが，貿易取引の船積時期は休業日にかかわらず延長が認められません。したがって，7月31日が日曜日に当たっていた場合の実質的な最終船積期限は7月29日の金曜日になります。

(3) 連月納期

　単月納期の変形と考えられる連月納期は，2カ月とか3カ月といった1カ月間以上の期間内に船積みする取り決め方法です。たとえば，8月9月10月積み(August, September, October Shipment)は8月1日から10月31日の期間に船積みすれば良いという解釈です。

　この納期の決め方は，輸出者側に長期間の猶予を与えるというよりも，大量注文などで生産と出荷に時間を要するケースで利用されます。したがって，仮に3カ月間の連月納期であっても，通常は契約数量の全量の1/3を3回に分けて1カ月のインターバルで船積をするといった特約が入ることになります。

(4) 日時指定

　一定の期間内での納期ではなく，日時が限定される貿易取引もあります。たとえば，船舶や航空機の引渡は一般にドック渡し，すなわち組み立て場所に

近いところで引渡されます。輸入者は輸出地の引渡場所まで出向いて，輸出者側のパイロットが操縦してくることになります。引渡に際して，パイロットの無駄な待機を避けるため，引渡日を指定することになります。

(5) その他の納期の決め方

受注後30日以内(Within 30 days after Receipt of Order)や，信用状入手後60日以内(Within 60 days after Receipt of L/C)など，特定の月や日時を指定せずに納期を打ち合わせることも可能です。国内取引ではしばしば用いられる納期の決め方ですが，貿易取引では若干の注意が必要です。

受注後ということは，注文が確定してからということですが，注文がいつ確定するかについての解釈が世界的にコンセンサスを得られていません。発信主義を採る国では，注文を発した時点で契約は有効に成立しますが，到達主義を採る国では，注文の意思が相手側に到達した時点で契約が有効に成立すると解釈されます。したがって，受注後といっても，発信主義と到達主義では時期が異なることになります。

ちなみに，日本の民法では遠隔地間取引において発信主義を採っています。それに対してドイツ法や国際連合国際商取引委員会で起草され，1980年ウィーンで開催された外交会議で採択されたウィーン売買条約(UN Convention on Contracts for the International Sale of Goods)では，到達主義を採っています。

10. 決済条件

　日常生活で買い物をした際に，その商品代金を現金で支払うか，あるいはクレジットカードを利用して後払いにするか，最近ではコンビニエンス・ストアだけでなく自動販売機でもプリペイド式の電子マネーが使えます。このように代金の支払い方法は複数の手段から選択できるのですが，貿易取引の決済においても同様のことがいえます。

　貿易取引のように，決済金額が大きくなればなるほど，決済条件が売り手にとっても買い手にとっても重要になってきます。自社にとって有利な決済条件であるならば，多少は販売価格を値引いて輸出しても良いと考える企業は少なくないでしょう。多少商品の価格が高くとも，自社にとって都合の良い決済手段を選択できるならば輸入契約をまとめるかもしれません。

　また，企業のグローバル化の進展で，貿易取引といってもグローバルな企業内取引といったケースも増えています。製品の水平分業をグローバルな拠点間でおこなったり，一括調達した部品や中間製品をグローバルな生産拠点に分配するといったビジネスです。

　企業内取引の場合，その決済方法は多様性を増します。通常の貿易相手のような決済手段も選択できるだけでなく，決済に関連するコストを極小化するような決済手法を用いることもできます。

　この章では，さまざまな貿易決済手段について，それぞれ長所や短所を考えながらみてみましょう。

1. 貿易決済手段

　貿易の決済手段は大別すると，送金による方法と為替手形による方法になります。グローバルなビジネス展開をおこなっていて，海外拠点が多数あり，その海外拠点と企業内取引をおこなう場合の決済では，送金と為替手形のよる決済以外にネッティング（Netting）と呼ばれる手段が加わり，選択肢が増え

貿易決済の方法

```
                      ┌ 銀　　行 ┌ 電信送金
           ┌ 送金ベース ┤          ┤ 郵便送金
           │          │          └ 小切手
決済方法 ┤          └ 国際郵便 ── 国際郵便為替
           │
           │          ┌ 信用状つき ─ 信用状付荷為替手形決済
           └ 為替手形ベース ┤
                      │          ┌ D/P 手形決済
                      └ 信用状なし ┤
                                 └ D/A 手形決済
```

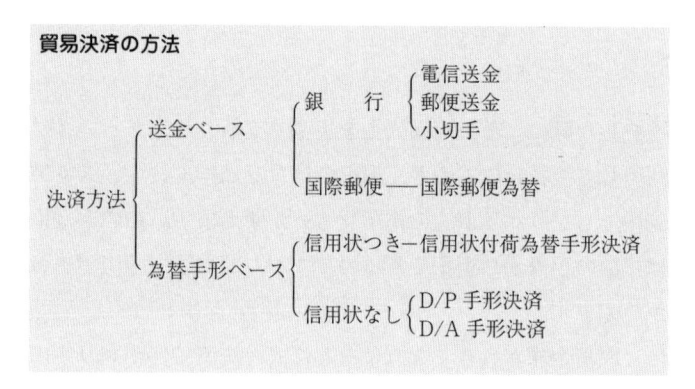

ます。

　レミッタンス(Payment by Remittance)と称する海外送金は，国内の銀行口座間の送金と業務的には大差なく，非常に簡便な方法であるといえます。誰でも利用できる簡便な方法であれば，貿易の決済手段が国際的な送金による決済に収斂するのではないかと考えられますが，現実にはそのような傾向は見られません。それは後述するように送金による決済の問題点があるからです。

　一般に貿易取引では為替手形を利用した決済が用いられます。為替手形は輸出者が手形の振出人となり，輸入者に対して一定期日までに代金支払いを請求する手形です。貿易取引の決済では，為替手形を使ういくつかの利点があります。

　まず，貿易取引の特徴は遠隔者との取引ですが，どれほど遠隔地であろうとも，為替手形による決済そのものは身近な取引銀行とのやりとりで完了するという利点があります。また，取引銀行が代金決済の立て替えをおこなっても良いと判断する状況に限

りますが，輸出者は，輸入者の代金支払いの有無にかかわらず，輸出者の都合で決済処理を進めることができます。

　この取引銀行が輸出者に対して代金決済の立て替えをさせるためのひとつの手段が，銀行信用状(L/C: Letter of Credit)です。信用状は，簡単にいえば，銀行が輸入者のために輸出者に対して輸出代金の支払いを保証する書類です。信用状の有無によって輸出者も輸入者も決済におけるポジションが変わるので，信用状が付いている為替手形決済と，信用状がなく為替手形だけの決済の選択決定に分けて考える必要があります。

　また，輸入地における荷為替手形の決済の処理の違いから，D/P手形決済とD/A手形決済に分けられます。D/P手形は，銀行から提示された為替手形について輸入者が手形代金を支払う(Payment)ことに対して，銀行は船積書類(Document)を渡すという手順をとります。

　それに対して，D/A手形は，銀行から提示された為替手形の引き受け(Acceptance)を輸入者はするだけで，銀行は船積書類(Documents)を渡します。この，荷為替手形における船積書類(Shipping Documents)と為替手形の処理が，支払い(Payment)なのか，もしくは引き受け(Acceptance)なのかを，手形を処理する銀行に指示している文言がD/P，D/Aであるわけです。この違いは，輸出者，輸入者にとって利害が対立しますので，信用状の有無と同様に異なる決済手段として扱うべきです。

2. 送金による貿易決済の問題点

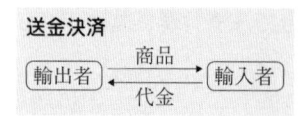

送金決済
輸出者 ⇄ 輸入者
（商品／代金）

　送金による貿易決済の最大の問題点は，決済リスクの偏りにあります。この問題が解決できない限り，レミッタンス方式が貿易決済の主流になることはないと考えて良いでしょう。

　送金による決済を簡単に示すと，売り手から買い手に商品が送られ，その見返りに買い手から売り手に商品代金が銀行など金融機関を通じて送金される，ということになります。売り手と買い手の物理的距離が近い場合には，相手に商品代金を送金後，ほどなくして商品が到着するでしょう。商品が先に買い手に届いたとしても，ほどなくして代金が送金されてくるでしょう。

　貿易取引は一般に遠隔地取引にならざるを得ないので，この商品の出荷・到着と商品代金の送金・入金に時間的なギャップが生じやすくなります。つまり，商品が到着しているにもかかわらず，買い手に代金が送金されていない期間が長くなりがちで，逆に，代金の支払いが送金で完了しているにもかかわらず，商品が買い手の手元に到着していない期間が長くなりがちです。

　商品到着・代金未入金の場合は，輸出者だけが決済リスクを負担した状態になりますし，逆に，代金支払い済み・商品未着の場合は，輸入者だけが決済リスクを負担することになります。一時的にせよ，決済リスクを売り手と買い手で上手く按分できず，10:0 か 0:10 といった具合にリスクが輸出者か輸入者のどちらか一方に偏ってしまうことが送金による

決済の問題点です。

　したがって，送金による決済が選択されるのは，決済リスクを負担しても良いと売買当事者が判断する場合に限られます。決済の金額が大きい場合は，決済リスクを負担しきれないと判断するでしょう。送金による貿易決済は，このように決済リスクの少ない少額の決済と，決済手段の簡便性がそのリスクを上回ると判断した場合に限られます。

3. ネッティング

ネッティングのメリット
・為替リスクの低減
・為替管理コストの低減
・資金管理の効率化

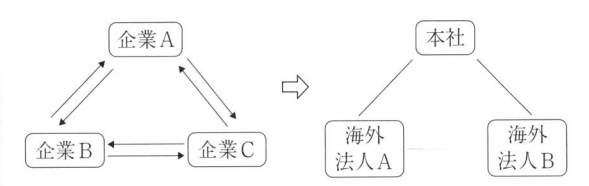

　近年，企業のグローバル化の進展によって，企業内貿易取引が増えています。企業内取引の場合は，第三者的企業との取引とは異なるロジックで進められる局面があります。貿易決済もそのひとつで，信頼関係の強固な間での決済ですから，代金回収の確実性も重要ですが，より貿易決済に伴うコストの軽減に重きが置かれます。

　その企業内取引における決済手段の典型が差額決済，ネッティング(Netting)と呼ばれる手法です。これは，企業間などの取引で，取引のたびに決済をおこなうのではなく，一定期間内の取引によって生ずる債権と債務を記帳しておいて，一定の期間経過後に累積した取引の輸出額と輸入額を相殺してネット(差額)分だけを決済する方法です。日本の商法でいう交互計算(Open Account)や，外為法でいう貸借

記とこのネッティングは同種です。

　取引のたびに決済をおこなうと,さまざまな手数料がその都度発生しますが,ネッティングをおこなうことで資金の移動量は少なくなりますから,全体としてコストを削減できます。また,決済額が小さくなることで,為替レート変動による影響,いわゆる為替リスクも少なくなります。

　二者間での相殺をバイラテラル・ネッティング(Bilateral Netting),三者以上の相殺をマルチラテラル・ネッティング(Multilateral Netting)と呼びます。多国籍企業などのように,金融子会社を通じてグローバルな拠点間の決済をおこなっている場合は一般にマルチラテラル・ネッティングです。

　日本では1998年4月に外国為替及び外国貿易法(新改正外為法)が施行され,これにより海外の現地法人を含むグループ企業間のネッティング取引が法的に認められることになりました。したがって,日本では貿易決済にネッティングを用いることに特段の問題はありません。ただし注意しなければならないことは,ネッティング決済が可能かどうかは当該国の外国為替管理によるので,日本の海外子会社だからといってネッティングによる決済ができるというわけではありません。

11. 一般的取引条件

　貿易取引の売買契約について，法律や言語や商習慣の異なる取引となりますので，国内取引に比べて誤解にもとづくトラブルが発生しやすいといえます。ですから，取引のいずれかの段階で，取引の共通のベースを取り決めて確認しておく必要があります。

　品質，数量，価格，受渡，決済など5大条件に代表される取引条件は，それぞれ売り手と買い手で交渉しながらとりまとめていきます。ところが個々の取引であまり変わることのない取引条件は交渉しません。これらは条件を一覧にして相手に確認してもらうという方法が採られます。この個々の取引で変わらない条件を一般的取引条件といいます。この章では，一般的取引条件の項目と内容について検討します。

1. 一般的取引条件協約書

　一般的取引条件は，一般的取引条件協約書(Agreement of General Terms and Conditions of Business)ないしは取引条件覚書(Memorandum of General Terms and Conditions of Business)として，書面で相手側に提示して調整していく方法がとられます。通常は，売約書や注文書など売買契約書の裏面に印刷されていることから，「裏面約款」「裏面条項」などといわれています。

　これらの条項は，価格や数量など具体的な個別取引条件を補完する役割がありますので，売買条件の一部と考えて慎重に対応すべきです。なぜならば，一般に裏面約款に記載されている条件は，輸出者側の条件は輸出者側に有利に，輸入者側で提示した裏面約款は輸入者側に有利な条件となっていることが

一般的取引条件のサンプル(売り手側に有利なケース)

GENERAL TERMS AND CONDITIONS OF BUSINESS This sales note is subject to the following conditions:	**一般的取引条件** 本売約書は下記の条件に基づいている。
BUSINESS: This contract is on Principal to Principal basis, and therefore Buyer is responsible for honoring this contract even if another party holds Import License or opens L/C.	取引の形態: 本契約は本人対本人をベースとしており,したがって買い手は,第三者が輸入ライセンスを保有している場合や,第三者が信用状を開設した場合も,本契約の決済について責任を有する。
PRICE: The prices are on the rate of freight and insurance premium prevailing at the time of accepting the order, and any increase in the rate of freight and/or insurance premium at the time of shipment shall be borne by Buyer. The prices are based on the exchange rate of Japanese Yen 90 per U.S.\$. In the event that, before the receipt in full by us from you of the price of the goods the rate of exchange shall be changed over 5%, Buyer shall be bound to pay to Seller the additional amount payable in U.S.\$ that will result therefrom.	価格: 価格は注文が承諾された時点での運賃と保険料をベースにしており,船積み時に運賃率や保険料の値上げがあった場合は買い手が負担するものとする。 価格は1米ドルあたり90円の為替レートをベースにしている。商品代金を全額受け取る以前に為替レートが5%以上変動した場合,買い手は売り手に対して,その変動によって生じた追加的金額を米ドルにて支払うものとする。
INSURANCE: All shipments shall be covered on ICC(A) for the invoice amount plus ten %. Insurance against War Risks and/or S.R.C.C. shall be effected by Seller on Buyer's account, if it deemed to be necessary.	海上保険: すべての積荷には送り状金額の10%増しでICC(A)条件で付保されるものとする。戦争危険,ストライキ,暴動,内乱の特約に対する保険は,必要があれば,買い手の費用で売り手が付保するものとする。
SHIPMENT: The date of Bill of Lading or Waybill shall be taken as the conclusive date of shipment. Partial shipment and/or trans-shipment shall be permitted. Seller shall not be held responsible for non-shipment or late shipment in whole or in part by reason of Force Majeure or any other circumstances beyond Seller's control. The port of shipment shall be at Seller's option.	船積み: 船荷証券もしくは運送状の日付を最終的な船積日と見なすこととする。分割船積ないし積替えは許されるものとする。売り手は,不可抗力ないしは売り手のコントロールを超える状況による荷物の一部もしくは全部の不積みないしは船積み遅延に対しての責任を免除されるものとする。
INSPECTION: Inspection performed under the export regulations of Japan is final in respect to quality and/or conditions of the contracted goods.	輸出検査: 日本の輸出検査規定で実施された検査が,貨物の品質や状態の点で最終であるとする。
CLAIM: Any claim by Buyer shall be made in writing within ten days after the final discharge of the goods at destination.	クレーム: 買い手によるクレームは,商品の最終的荷揚げの後,10日以内に文書によっておこなわなければならない。
TRADE TERMS AND GOVERNING LAW: The trade terms used in this contract shall be governed and interpreted by the provisions of Incoterms, 2010. This contract shall be governed in all respects by the laws of Japan.	トレードタームズと準拠法: 本契約で使用されるトレードタームズは,インコタームズ2010年版に準拠し解釈されるものとする。本契約はすべての点で日本法に準拠する。
ARBITRATION: Any claim beyond the amicable adjustment between Seller and Buyer shall be finally settled by arbitration in Tokyo, in accordance with the Commercial Arbitration Rules of the Japan Commercial Arbitration Association.	仲裁: 売り手と買い手との間で和解で解決できないクレームは,国際商事仲裁協会の仲裁規定に則って,東京での仲裁によって最終的解決をおこなうものとする。

多いからです。

　一般的取引条件に含まれる項目は企業によって異なり，企業内でも部署によって異なる裏面約款を使う場合もあります。通常は，取引形態，売買契約の5条件である品質，数量，価格，受渡，決済についての基本的な解釈とルール，クレーム提起の時期と方法，紛争が生じた場合の解決方法，準拠法などが含まれます。

2. 取引形態

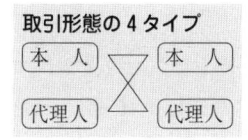

取引形態の4タイプ

| 本　人 | ╳ | 本　人 |
| 代理人 | | 代理人 |

　売買契約の契約当事者は「本人」(Principal)と「代理人」(Agent)のいずれか一方となります。本人とは，自己の勘定と責任とリスクで売買契約者となる契約者で，代理人は，第三者から取引の代行する権利を与えられた者です。一般にその代理行為について手数料(Commission)を第三者から受け取ります。したがって，本人と思って見積りを立てた後で，相手側が代理人として契約することが判明した場合，相手側から売買成立に伴ってリターンコミッション(Return Commission)を要求される場合もありますので，契約時には明確にしておく必要があります。

　売り手側，買い手側，双方に本人の場合と代理人の場合がありますので，取引の形態としては本人対本人，本人対代理人，代理人対本人，代理人対代理人の4形態の可能性があります。

　サンプルの規定の例は，本人対本人の取引を規定していますが，後半部分に第三者に関する規定が付記されて，一見すると矛盾した内容になっています。これは，途上国など輸入取引が制限されている諸国

で場合にしばしば用いられる輸入ライセンス制度を考慮して記載されていると考えられます。政府が発給する輸入ライセンスが特定の業種、たとえば国家の産業発展に直接役立つ業種を中心におこなわれることがしばしばあります。第三者名義の輸入ライセンスにもとづく取引であっても輸入者本人が最終的な責任をとるように規定しています。また、銀行信用状がコンファミングハウス(Confirming House)などの第三者によって開設された信用状を利用して輸入取引をおこなうケースであっても、本人が最終責任をとることを明記しています。

3. 価　　格

表示通過やFOB, FCA, CIF, CIPといったトレードタームズについては、取引毎に交渉で決まるので、通常はそれ以外の価格に関する基本的な条件について記載されます。

サンプルの規定では、契約成立後に運賃と海上保険料の値上げがあった場合は輸入者に価格転嫁する旨が規定されています。このような規定がなければ、本来、運賃や保険料を支払う側、具体的にはFOBやFCAであれば買い手、CIFやCIPならば売り手が値上がり分を自動的に負担すると考えられますが、このような規定があればすべて買い主である輸入者側に負担させることも可能です。このような規定をエスカレーション条項(Escalation Clouse)と呼びます。

また、その後に続く規定は、外国為替レートの変動による差損を買い手側に負担させる内容です。契約自体は外貨建てですが、このように契約書の中で

邦貨とリンクさせることで，売り手としては円建ての契約と同じ効果が得られます。このような規定を円約款(Yen Clouse)と呼びます。

エスカレーション条項と円約款ともに，契約書の起草者である輸出者側にきわめて有利な取引条件です。

4. 海上保険

付加価値の高い製造加工品か，単価の安い原材料かによって，一般に海上保険の条件は決まってきます。したがって，売り手と買い手が交渉で条件をつめるという方法ではなく，裏面約款の中で規定しておく方法が通常はとられます。

サンプルの規定では，ICC(A)条件で海上保険に入ることが規定されていますので，付加価値の高い商品であると推測できます。また，インコタームズの規定に従ってインボイス金額の110%を保険金とすることが規定されています。ICC(A)は，かつて一般的な条件の表記であった All Risks(全危険担保)とほぼ同じ条件です。この保険条件にはほとんどすべての特約条件が含まれますが，対象外となる特約が戦争危険(War Risk)とストライキ，暴動，内乱危険(SRCC Risks: Strike, Riots, Civil Commotion Risks)です。この2つの特約の保険料について，サンプルの規定では必要ならば買い手の費用で付保することが規定されていますので，売り手に有利な規定であるといえます。海上保険については，第17章で説明します。

5. 船積み

　FOB, CIF, FCA, CIPなど積地条件のトレードタームズで契約した場合に，売り手側の最終的な責任範囲が何によって証明されるかが重要になってきます。通常，船会社が発行する船荷証券(B/L)，航空会社などが発行する運送状(Air Waybill)の日付(B/L date)をもって出荷日を確定します。

　分割船積み(Partial Shipment)とは，100個の注文に対して60個と40個に分けて出荷することを指しますが，100個の出荷を予定していても輸出通関時に99個だけ輸出船積みとなり1個のみ別送するようなケースであっても分割船積みと解釈されます。したがって，輸出者としては，分割船積みの予定がない場合も，契約書では認めてもらった方が安心です。

　積替え(Trans Shipment/Transhipment)とは，輸送途中で本船の載せ替えをおこなったり，海上輸送から航空輸送へと輸送手段を換える場合をいいます。コンテナを利用した複合輸送では，通常，積替えがおこなわれますので，契約書ではそれを認める規定にしておくべきです。

　船積港の選択は，原則は海上運賃，航空運賃を支払う側がオプションをもっていると判断されます。具体的にはFOBやFCAでは買い手側に，CIF, CPT, CIPでは売り手側に船積みについての選択権があります。

　サンプルの規定では，トレードタームズにかかわらず売り手に選択権があると規定されています。海外の生産拠点からダイレクトに出荷することを予定している取引で，FOBやFCA条件で契約する際

には、このような規定が必要になります。

また、サンプルでは、船積の遅延が火災、天変地異など不可抗力(Force Majeure)に起因する場合と、計画停電のように売り手のコントロールが及ばないような状況に原因がある場合は免責されることが規定されています。

6. 輸出検査

日本からの輸出品の検査に関する規定である「輸出品デザイン法」(知的所有権の保護を目的として、輸出商品のデザインの模倣を防止する法律)および「輸出検査法」(特定の品目に関して、政府の検査機関または政府指定の民間検査機関が輸出検査を義務づけた法律)は廃止されました。したがって、日本からの輸出取引では、輸出商品の品質に関しては輸出者の責任による自主検査が原則です。しかしながら、輸入国側で輸入品に関する品質検査のルールが存在する場合もあり、契約成立後にこの種の問題で紛争を起こさないためには、契約時に規定しておくことが有効です。

7. クレーム

一部の例外を除けば、市場で取引される商品は時間の経過に伴って商品価値が下がっていきます。野菜など食品のように品質が悪くなり市場価値がなくなるといった商品だけでなく、自動車やパソコンのようにモデルチェンジによる市場価値の低下もあるでしょう。このような経年劣化が避けられない商品では、買い手側からのクレーム提起に期限を定めておく必要があります。

サンプルの規定では，最終目的地に到着後10日以内に書面にてクレームが提起されなければならないと規定されています。最終目的地への到着後の輸入通関に要する日数も含まれますので，10日よりも短い期限は現実的ではありません。

8. トレードタームズと準拠法

商習慣の異なる売買当事者がトラブルなく貿易取引をおこなうための一種のルールがインコタームズ(Incoterms)で，国際商業会議所が取りまとめて発行しています。この中に，FOB，FCA，CIF，CIPといったトレードタームズについての解釈と規定が定められていますが，国際的な取引においてインコタームズに準拠して解釈しなければならないといった強制力はありません。

したがって，貿易取引のいずれかの局面でインコタームズの規定に従う旨の合意を得ておく必要があります。通常は，このように一般的取引条件として裏面約款の中で規定されています。

9. 仲裁条項

トラブルの解決プロセス
和解の失敗 ─┬→ 訴訟
　　　　　　└→ 仲裁

売買契約当事者間で紛争が起こった場合，まずは和解(Amicable Adjustment)で解決が図られます。通常は，和解で解決されるケースがほとんどですが，仮に和解で解決できないと，選択肢としては訴訟(Law Suite)か仲裁(Arbitration)になります。もちろん，訴訟権は常に存在しますので，仲裁による解決が不調に終わった後に一方的に訴訟を起こすことも可能ですが，一般には仲裁にはいる前に訴訟権の放棄に合意してから進めますので，現実には訴訟か

仲裁かの選択になります。紛争を解決する手段として訴訟も仲裁もそれぞれに一長一短がありますが，ビジネスに絡むトラブルの解決には，仲裁の利点が重視される傾向にあります。

　優秀な弁護団を組織して有利な判決を目指す裁判では，莫大な訴訟費用となりがちです。また，一般に裁判は判決が出るまでに長い期間を要します。スピードが問われる昨今のビジネスでは，時間をかけて争う意味がないケースが多々あります。

　裁判では当然のことながら判決で白黒がはっきりとつきますが，ビジネスでは仲裁裁定(Arbitration Award)のように，いわゆる玉虫色の評定の方が都合のよいケースがほとんどです。ハイテク企業などは，裁判所の命令に従って技術情報などを公開することに懸念を感じるケースも多いと聞きます。なお，この仲裁裁定は確定判決と同じ効力があり，当事者は拒否することができません。

　このようにビジネスの紛争解決方法では仲裁の利点が目立ちますが，仲裁の一番の問題点は合意の時点にあります。つまり，紛争を解決する手段として仲裁を用いることを，紛争が起こる以前に両当事者で合意しておく必要があります。紛争が起こってから仲裁で解決することを決めるのは，ほとんど不可能です。

　サンプルの規定では，日本の国際商事仲裁協会(Japan Arbitration Association)の仲裁規則に則って解決される旨の規定となっています。ホームディシジョンである日本側に有利な規定です。

第Ⅱ部　輸出入契約の締結と契約成立後の実務

12. 貿易取引の商談と契約書

　貿易取引の商談の様子は，国内取引のそれとはかなり違った様子になります。それは取引相手が外国人ということだけではありません。その違いにもっとも大きく影響している要因は，売り手と買い手の物理的距離の違いでしょう。日本国内であれば，札幌の会社と長崎の会社が取引したとしても，その物理的な隔たりは2,000キロ程度です。ところが海外の企業との取引ではその数倍から10倍程度の隔たりがあります。

　貿易取引の特徴を一言で表現するならば，遠隔地取引ということになります。売買当事者が遠く隔たっている関係でビジネスを進めていかなければならないという点が，貿易取引の最大の特徴といって良いかもしれません。遠く隔たっているという事実が，ビジネスのさまざまな局面に影響を与えており，それは商談に対しても国内取引とは異なった様相にさせることになります。

　国内取引では，当事者同士がフェイストゥフェイスで商談を進めることはそれほど困難ではありません。どちらか一方が，新幹線で数時間，国内線旅客機で数時間を掛ければ済む問題だからです。

　しかし貿易取引は簡単に対面で交渉を進めることができません。たとえ国際線旅客機を使えば数時間の距離でも，入国審査があり，ひょっとするとビザが必要になるかもしれません。言葉の壁を排除したとしても，物理的距離以上に払う犠牲が大きすぎます。

　そこで一般には，貿易取引における商談はテレコミュニケーション手段を活用したリモート交渉になります。輸出者は輸出地にいたまま，輸入者も輸入地にいたまま，電話やFAXや電子メールを使っての交渉になるわけです。本章では，貿易取引の商談スタイルがどのようなものなのかを検討し，商談の成果である売買契約書の作成における問題点をみていきます。

国際郵便の標準日数

地域	国・地域名		航空通常郵便物 標準日数（東京から）
アジア	インド		7
	インドネシア		6
	ベトナム		8
	韓国		7
	シンガポール		3
	スリランカ		7
	タイ		5
	台湾		4
	中国	北京，上海	7
		香港	5
	パキスタン		8
	バングラデシュ		9
	フィリピン		7
	マレーシア		6
オセアニア	オーストラリア		7
	ニュー・ジーランド		6
北米	カナダ	バンクーバー	6
		モントリオール	7
	アメリカ	サンフランシスコ	8
		シカゴ	5
		ニューヨーク	7
		ロサンジェルス	6
中近東	イスラエル		6
	イラン		11
	サウジアラビア		12
	トルコ		12
ヨーロッパ	イタリア		6
	イギリス		4
	オーストリア		5
	オランダ		5
	スイス		6
	スウェーデン		5
	スペイン		8
	デンマーク		4
	ドイツ		5
	ハンガリー		7
	フィンランド		5
	フランス		7
	ベルギー		6
	ポーランド		6
	ロシア		9
アフリカ	エジプト		7
	ガーナ		8
南米	アルゼンチン		7
	ブラジル		7

資料：日本郵便ホームページ

1. 貿易取引の商談

具体的な商談の段階になると，国際郵便を使ったコミュニケーションは使われなくなります。その理由は単純で，郵送に時間が掛かるためです。国際郵便で相手に届くまでの日数は，早くて数日，長い場合は2週間弱を要します。仮に5日間が配達日数だとすると，相手に届くまでに5日間，その回答がこちらに届くまでにさらに5日間と1回のやりとりで10日も必要です。1カ月間でとれるコミュニケーションの頻度はわずか数回しかないということになります。

このような意味で，貿易取引の商談では古くから電子的な通信手段が活用されてきました。国際電報，FAXを経て，現在は電子メールがメインツールとなっています。

インターネットの電子メールサービスが一般に利用できるようになった当初は，ビジネスの世界では電子メールの利用はそれほど進まないであろうという予想がありました。現在のインターネット電子メールのプロトコルのセキュリティがそれほど高くないというのが，その理由でした。

しかし，セキュリティレベルの懸念はあるものの，利便性がそれを大きく上回っているということで，現実には今日のビジネスで必要不可欠なコミュニケーションツールになっています。

国際電話の通話料金がかつてに比べて大幅に安くなっています。スカイプなどのインターネットサービスを利用すれば，テレビ電話もほとんどコストを掛けずに海外の取引相手とコミュニケーションがと

れます。

ところが,電話などによる取引では時差の問題を考慮せざるを得ません。日本ではビジネスアワーである午後3時は,ロスアンゼルスでは午後11時,ロンドンでは午前7時と営業時間外となります。

ですから,時差が1時間か2時間でしかないアジア諸国との取引では,電話などで交渉を進めることも十分に考えられます。時差が5時間を超えるような地域では,すべて電話で取引を進めるのは現実的ではありません。

2. オファーの交換

貿易取引の交渉
オファーの交換
⇩
具体的な売買条件の提示
⇩
5大条件(品質・数量・価格・受渡・決済)の条件提示

貿易取引の商談は,一般にオファーの交換というスタイルで進んでいきます。オファー(Offer)とは売申込み,買申込みと訳されます。オファーの意味は,取引相手に対して具体的な売買条件を提示すること,と解釈されます。この場合の売買条件には,いわゆる取引の5大条件である品質条件,数量条件,価格条件,受渡条件,決済条件が含まれます。

一方が発したオファーを他方が承諾意思表示をした時点で,交渉は終了し,貿易売買契約が成立します。仮に受け取ったオファーの一部の条件は了解し,一部の条件については受け入れられない場合はどうなるのでしょうか。

日本国内での取引では，相手側に条件の再提示を求めるようなスタイルで交渉を進展させることもありますが，国際的な取引では有効な進め方とはいえません。なぜならば，国によって商習慣も異なれば，コミュニケーション・スタイルも異なります。むしろ極めてビジネスライクに，受け入れられるべき条件は受諾し，受け入れられない条件に付いては，希望する条件を明示して相手側の合意を引き出すといった交渉が一般的です（第4章参照）。

　たとえば，輸出者から品質条件，数量条件，価格条件，受渡条件，決済条件のそれぞれに具体的な提案，すなわちオファーがあったとします。提示された条件のうち，受渡条件を除く4条件については合意できる条件だった場合，輸入者は輸出者に受渡条件の再提示を促すのではなく，輸入者側として希望する受渡条件を具体的に輸出者に提示するという方法で交渉が進みます。

　このような場合に輸入者が発するオファーを反対申込み・カウンターオファー（Counter Offer）といいます。反対といっても，条件を拒絶するという意味での反対ではなく，相手側から来たオファーに対する逆提案という意味です。

　貿易取引の商談は，厳密にいえばこのカウンターオファーの交換で進んでいきます。カウンターオファーが交換されている間，輸出者と輸入者は常に条件付きの承諾意思（Conditional Acceptance）を発していると解釈されます。商談が成立するためには，輸出者か輸入者のどちらか一方が発したオファーに

対して，他方が条件をつけずに承諾意思表示をする絶対的承諾・無条件承諾(Absolute Acceptance / Unconditional Acceptance)が必要です。

3. 売買契約書の作成の意義

> **売買契約書のポイント**
> 売買契約書は契約成立の要件ではない
> ⇩
> 契約書の作成は任意

貿易取引では，契約成立後に売買契約書がほとんど例外なく作成されるので，契約書の作成が義務づけられていると思われがちです。貿易取引による売買も，私たちがコンビニエンス・ストアでお弁当を買うのと同じ売買です。コンビニエンス・ストアでの買い物をするたびに売買契約書を作成しないのと同様に，貿易取引でも契約書は必要不可欠の書類ではありません。売買契約自体は，口頭による承諾だけでも有効に成立します。

国によって売買に関連する法規は異なりますが，売買契約の成立要件として，契約書の作成を定めている国はありません。一部の国では，売買契約の成立を確認する書類である売買確認書の作成が義務づけられていることもありますが，たとえばコンビニエンス・ストアで買い物をした際に受け取るレシートも一種の売買確認書です。

契約成立の要件でないにもかかわらず，貿易取引では売買契約書が作成されるわけですが，それには次のような理由が考えられます。

貿易取引の売買は，未履行条件付き売買(Agreement to Sell)になることが一般的です。つまり契約の成立と完了が比較的短期間でおこなわれるのではなく，契約成立は単に売り手側の契約を完了させるために履行すべき条件と，買い手側の履行すべき条

件を確定したという意味になります。

このような売買形式では、いったんは取り決めた売買条件を忘れてしまったり、あるいは時間が経つにつれてビジネス環境が変化して売買自体の重要度が低下することで契約を一方的に解除するといった事態を避ける必要があります。契約内容を常に確認しやすくし、また売買契約の完全な履行を促すために、売買契約の合意事項を書面にしておく意義があります。

4. 売買契約書の交換

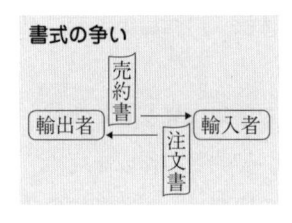

書式の争い

輸出者 ←売約書→ 輸入者 ←注文書

売買契約書は法律的に定められた書類でないために、その書式や使い方は定まっているわけではありません。たとえば、契約内容を確認するために、売り手と買い手の両者が共同で1枚の売買契約書を作成していくこともできます。

しかし、国内取引と違って売り手と買い手が物理的に遠く離れているために、契約書の作成のためにわざわざ海外出張することはありません。もしも契約成立のために共同で契約書を作成しなければならないという規定が法的になされていれば、いくら遠くても海外出張する合理性はあるでしょうが、実際には契約書の作成は法的には任意ですから、そのために膨大な時間とコストを掛ける合理性はありません。

そこで一般的には、輸出者が作成する「売約書」タイプの契約書と、輸入者が作成する「注文書」タイプの契約書という2つのタイプで、売買契約の内容を確認することになります。売り手と買い手の双方が

それぞれに自社の売買契約書を相手に送付して，相手の署名を求め合うといったことになるのですが，これを売買契約書の「書式の争い」といいます。

書式の争いがなぜ起こるかを理解していれば良いのですが，現実には日々の業務に追われ，売買契約書の作成を半ば義務的に作成するケースが目立ちます。日本人の契約や契約書に対する意識の低さを指摘する人もいます。

たとえば，輸入者から先に注文書が到着し，それに応じて慌てて売約書を作成するようなケースでは，輸出者はしばしば注文書の記載事項を必要以上に参照して売約書を作成します。結果として，記載事項が似通った売買契約書が2種類も作成されることになります。これでは本来の売買契約書の機能を果たせなくなってしまいます。

注文書は買い手が作成する契約書ですから，売買契約の内容に関して買い手に都合の良い解釈で契約書を作成するでしょう。つまり買い手中心，買い手本位の契約書になっていると考えられます。

より具体的に説明すると，買い手はいったん取り決めた売買契約を，いつの時点でもキャンセルしたいという自由度をできれば求めます。なぜならば，契約成立後により有利な条件でオファーを受け取る可能性がありますし，より魅力的な商品が販売開始になるかも知れません。そのような際に，いったんは取り決めた契約を破棄して，新規の売買契約を締結したいと思うに違いありません。

そのような意図で買い手が作成した契約書を，売

り手が追認する形で契約書を作成してはなりません。売り手としては，契約が決まれば約定品の出荷の手配をしますので，買い手がその商品を引き取って代金を支払うという契約の完了が重要になります。

このように「注文書」タイプの契約書と，「売約書」タイプの契約書では，同じ売買契約書でも趣旨が異なるということを認識する必要があります。

5. 売買契約書に記載する内容

貿易取引における売買契約書で記載すべき条項は，取引によって多少は異なりますが，一般的には下記のような内容が含まれます。

- ・輸出者と輸入者を特定する情報
- ・商品を特定するための情報
- ・数量を特定するための情報
- ・販売価格を特定するための情報
- ・納期(船積時期)を特定するための情報
- ・代金決済方法を特定するための情報
- ・海上保険を特定するための情報
- ・商品の送り先を特定するための情報
- ・梱包を特定するための情報
- ・荷印を特定するための情報

これ以外に，取引によっては商品の検査に関する条項，必要な証明書についての条項などが追加されることもあります。

これとは別に，すべての売買契約で共通に適用する条項を一般的取引条件といい，しばしば売約書の裏面に記載されているので，裏面約款ともいいます。一般的取引条件には，次のような条項が含まれます。

詳しくは，第11章を参照してください。
- 取引の形態
- 価格の解釈
- 船積時期の解釈
- クレーム提起の期限
- 仲裁条項
- 準拠法

6. 付帯条項

主となる契約事項に従属する事項を付帯条項といいますが，これは主契約事項が成立している場合にのみ有効となる条項です。貿易取引での売買契約書でしばしば挿入される付帯条項は次の通りです。

(1) 不可抗力条項

契約で定められた義務の履行が，天災，戦争，ストライキなど当事者の責めに帰することのできない不可抗力(Force Majeure)で契約履行ができない場合に，履行責任を免れることを定めている条項のことです。注意しなければならないのが，生産現場の工員らによるストライキも不可抗力として扱われるということです。

(2) 口頭証拠排除原則

口頭証拠排除原則(Parol Evidence Rule)とは，契約書の作成前に当事者間で行われた口頭による合意事項には拘束されないという法律上のルールです。この付帯条項が契約書に追加されると，仮に契約書の作成以前に契約書の内容と異なる合意があった場合も，契約書に従うということになります。Parolとは口頭の意味ですが，法的には手紙やメールなど

の文書証拠も含まれるとされています。

(3) 完全合意条項

　契約書に合意事項をすべて記載することは現実的に不可能なので，口頭証拠排除原則は適用の限界が不明確にならざるをえません。そこで完全合意に関する条項は Parol Evidence Rule の趣旨を確認するための条項ともいえます。

　完全合意条項は，契約で成立した合意内容は契約書に記載されているものがすべて(Entire Agreement)であり，その他には存在しない，という条項です。この条項が契約書で付帯条項として入ると，交渉の過程の口頭やメールなどでの合意や了解事項は，すべて効力がないものとされます。ただし，この条項があっても，契約成立後に両者が合意した事項には適用されません。

13. 貿易決済

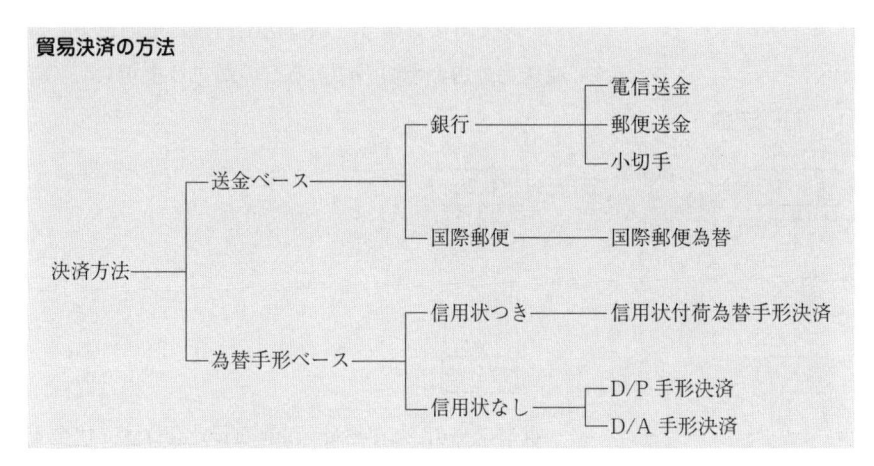

貿易決済の方法

```
決済方法 ─┬─ 送金ベース ─┬─ 銀行 ─┬─ 電信送金
         │             │       ├─ 郵便送金
         │             │       └─ 小切手
         │             └─ 国際郵便 ── 国際郵便為替
         └─ 為替手形ベース ─┬─ 信用状つき ── 信用状付荷為替手形決済
                         └─ 信用状なし ─┬─ D/P手形決済
                                      └─ D/A手形決済
```

　貿易の決済手段は大別すると，送金による方法と為替手形による方法になります。グローバル企業で，海外拠点が多数あり，その海外拠点と企業内取引をおこなう場合の決済では，ネッティングと呼ばれる手段が加わります。

　レミッタンスと称する海外送金は，国内の銀行口座間の送金と業務的には大差なく，非常に簡便な方法であるといえます。誰でも利用できる簡便な方法であれば，貿易の決済手段が国際的な送金による決済に収斂するのではないかと考えられますが，現実にはそのような傾向は見られません。それは送金による決済の問題点があるからです。

　一般には為替手形を利用した決済が貿易取引では用いられます。為替手形は輸出者が手形の振出人となり，輸入者に対して一定期日までに代金支払いを請求する手形です。

　本章ではさまざまな決済方法の仕組みについて検討するなかで，信用状の機能と種類についてみてみましょう。

1. 送金による貿易決済

　　　　　　　　　　　送金による貿易決済の方法は，銀行送金為替と国

際郵便の制度を利用する方法に分けられますが、ここでは貿易取引で主に用いられている銀行送金についてみてみましょう。銀行送金為替は電信送金、普通送金、送金小切手によるものがあります。

(1) 電信送金

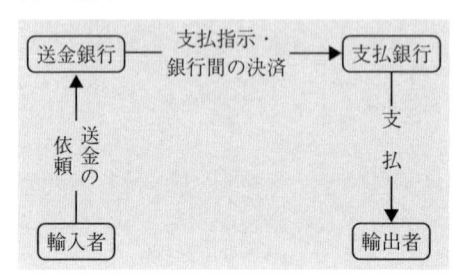

```
┌──────┐  支払指示・   ┌──────┐
│送金銀行│ 銀行間の決済 →│支払銀行│
└──────┘              └──────┘
   ↑送                      │
   │金                      │支
   │の                      │払
   │依                      ↓
   │頼                   
┌──────┐              ┌──────┐
│輸入者 │              │輸出者 │
└──────┘              └──────┘
```

電信送金(T.T: Telegraphic Transfer)は、代金支払者である買い手から送金の依頼を受けた銀行が、支払銀行宛に支払指示を電気的通信手段によって伝える送金です。国内の銀行による送金の電信扱いと同様に、依頼者に対して電信料が余分に請求されますが、送金処理が早く実行されるという大きな利点があります。

電信送金には、受取人である輸出者への支払方法によって次の3種類に分けられます。

・通知払い：受取人へ送金の到着を支払銀行が通知した上で支払う方法
・口座払い：受取人へ送金の到着を支払銀行が通知した上で、受取人の銀行口座に入金する方法
・請求払い：受取人は送金人からの送金の通知を受けて、支払銀行に支払い請求をして受け取る方法

(2) 普通送金

電信送金が、支払銀行宛の支払指示を電気的通信

手段でおこなうのに対して,普通送金は郵送によって伝える点が異なります。郵送によるので,郵送送金(M.T.: Mail Transfer)ともいわれます。当然ながら電信送金に比較すると郵送に時間が掛かりますので,送金処理が遅れることになります。

(3) 送金小切手

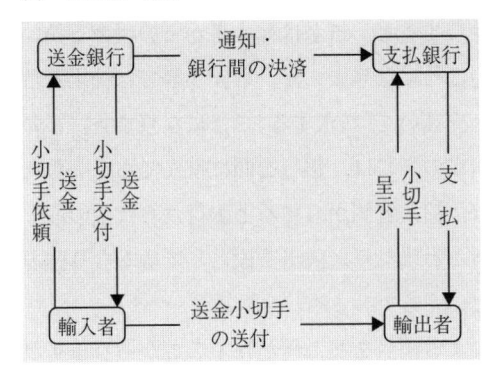

```
送金銀行 ──通知・銀行間の決済──→ 支払銀行
  ↑  ↓                              ↑  ↓
小切手依頼 送金 小切手交付         小切手呈示 支払
  │  │                              │  │
輸入者 ──送金小切手の送付──→ 輸出者
```

　　　　　　　　　　支払人である輸入者は,銀行に送金相当額を支払い,支払銀行を支払者とする送金小切手(Demand Draft, Bank Check)を交付してもらいます。この送金小切手を受取人である輸出者に送ります。送金小切手を受け取った輸出者はこれを支払銀行に提示して小切手金額の支払を受けることになります。送金銀行は送金小切手を交付すると同時に支払銀行に通知して支払を依頼します。

(4) 郵便為替

　　　　　　　　　　普通送金は銀行間での支払指示を郵便でおこなっているので郵便送金と呼ばれることがあります。この郵便送金と,郵便為替はしばしば混同されて混乱を招くことがあります。郵便為替は銀行ではなく郵便局を利用した送金のことをいいます。郵便送金を

Mail Transferと呼ぶのに対して，郵便為替はPostal Money Orderと称するので，英語表記の方が日本語表記よりも誤解が少ないようです。

2. 並為替と逆為替

送金による貿易決済に対して，取立為替(B/C: Bill for Collection)による決済があります。輸出者の立場からすると，送金は輸入者からの代金支払いを「待つ」ことになりますが，取立為替では輸出者自らが代金支払いを「請求する」ことになります。この代金の請求の際には，銀行を間に挟んでおこなわれますので，輸入者側からすると銀行から代金の取立を受けることになり，決済手段としてはかなり強力であるといえるでしょう。

送金による決済を並為替と呼ぶことがありますが，取立為替による決済は逆為替と呼ばれます。これは，代金が買い手から売り手に流れる方向と，その決済に伴う書類の流れる方向が同じであるのが並為替で，逆向きに流れるのが逆為替という意味です。

貿易取引の決済では利用されることはありませんが，国内取引の決済手段として広く使われている約束手形(Promissory Note)を並手形と呼ぶのも，同じ理由です。債務者である買い手が振り出した約束手形は，債権者である売り手に渡りますが，支払代金も同じ買い手から売り手に渡るので，方向性は同じです。

3. 為替手形による貿易決済

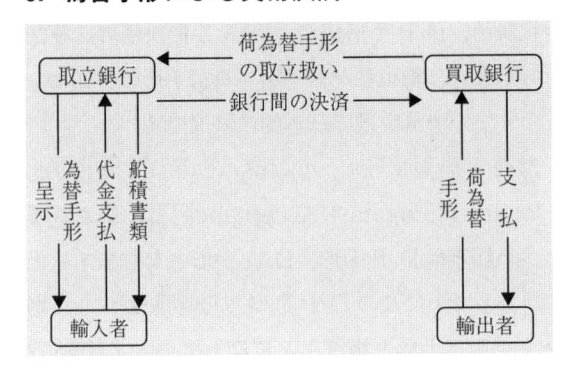

```
          荷為替手形
      ←  の取立扱い
取立銀行              買取銀行
      ←  銀行間の決済 →
  ↑↑↑↑              ↑↑
  呈為代船            支荷手
  示替金積            払為形
    手支書              替
    形払類

  ↓                    ↑
 輸入者              輸出者
```

　　　　　　　　為替手形は取立手形であるので，代金の支払いを受け取る側が手形の振出人となり，代金の支払者に対して一定期日までに代金支払いを請求する手形です。貿易取引の決済では，為替手形を使ういくつかの利点があります。

　　　　　　　　輸入者は輸出者に代金を支払うのですが，輸出者はその取引銀行に代金の取立依頼を為替手形によっておこない，輸入者はその取引銀行から呈示された為替手形の決済をおこなうことで代金決済を完了することになります。

　　　　　　　　このようにすると貿易取引の特徴である遠隔者との決済が，どれほど遠隔地であろうとも決済そのものは身近な取引銀行とのやりとりで完了するという利点があります。また，取引銀行が代金決済の立て替えをおこなっても良いと判断する状況では，輸出者は，輸入者の代金支払いにかかわらず，輸出者の都合で決済処理を進めることができます。輸入者も同様に，輸出者の代金回収にかかわらず，輸入者の都合で銀行と輸入代金の決済を進めることができます。

(1) 為替手形の書式

貿易取引では，為替手形を使った決済として，信用状決済，D/P 手形決済，D/A 手形決済の 3 種類があります。輸出者が振り出す為替手形の書式は，この 3 つの決済手段で基本的に共通です。

為替手形面に「Documents against Payment」「Documents against Acceptance」と記載されると，それぞれ D/P 手形，D/A 手形となります。仮に為替手形上にこの D/P D/A の区別記載がない場合は，D/P 手形と扱うことになっています(1995 取立統一規則 7 条)。

BILL OF EXCHANGE(為替手形)

No.(手形番号)

For(手形金額を数字)
At _____ Sight of this FIRST Bill of Exchange (Second being unpaid) Pay to
(手形買い取り銀行名) or order the sum of _____ (手形金額を文字で記載)
Value received and charge the same to account of _____ (通常は記載しない)
Drawn under _____ (信用状決済の場合，信用状記載通りに記入)

To (輸入者名もしくは手形買取銀行名，所在地)

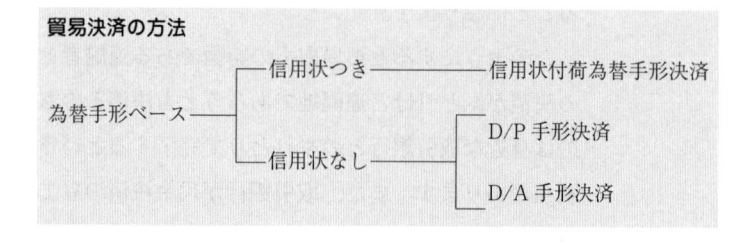

貿易決済の方法

為替手形ベース ─┬─ 信用状つき ──── 信用状付荷為替手形決済
　　　　　　　　└─ 信用状なし ──┬─ D/P 手形決済
　　　　　　　　　　　　　　　　　└─ D/A 手形決済

4. 荷為替手形による貿易決済の仕組み

　荷為替手形とは，輸出代金決済のために，売主である輸出者が振り出す為替手形に船積書類が添付されたものをいいます。代金を支払うべき買手(輸入者)が手形を発行するのではなくて，代金を受け取る売手(輸出者)が貨物代金を受け取る権利である債権証書を発行し，それを銀行に買い取ってもらうという方法です。

　具体的には，船積み後に為替手形と船積書類を取引銀行に買い取ってもらい，取引銀行が輸入者側の銀行を通じて代金を取り立てるということになります。日本国内の取引ではほとんど用いられない貿易取引独特の決済方法です。

　なぜこのような決済方法が貿易取引で選好されるのでしょうか。遠隔地で良く知らない相手との取引になりやすい貿易取引では，輸出者が商品を輸出しても輸入者が代金を支払わない可能性が，国内取引よりも高いと考えられるからです。輸入者は代金を支払うか，もしくは荷為替手形を引き受けない限りは，船会社から荷物を引取るための船荷証券(B/L)を含む船積書類(Shipping Documents)を入手できないことになるので，輸入者による代金の支払いが担保されていることになります。

　取立手形の典型が為替手形ですが，貿易取引では荷為替手形と呼ばれる為替手形が広く用いられています。荷為替手形の「荷」は，商品貨物に為替手形が添付されているのではなく，貿易取引における船積書類であると解釈して問題ありません。手形決済で

常に振り出された為替手形に船積書類が添付された状態で処理されるタイプの為替手形です。

船積書類が添付されず，為替手形だけで処理されるタイプをクリーンビル(Clean Bill)，普通手形，荷落し手形などと呼びます。貿易決済では，船積書類が一種の担保として扱われますので，為替手形による代金決済をより安定して実行するためには，船積書類が添付されている荷為替手形の方が都合が良いと考えられます。

荷為替手形ではないクリーンビルによる貿易決済は，手形決済の実行を担保させるものが必要ないと判断される場合，たとえば海外子会社や現地法人などとの企業内取引では利用できる可能性がありますが，取引銀行の事前の了解が必要です。

貿易取引では一般的に用いられている荷為替手形決済は，銀行信用状付きによる荷為替手形決済と，信用状なしの荷為替手形のみの決済に分けて考えます。というのも，信用状の有無によって荷為替手形の処理自体はほとんど変わりませんが，輸出者の立場と輸入者の立場からすると，信用状の有無が大きく影響するからです。信用状の有無について輸出者と輸入者の利害が異なるので，決済条件の交渉の対象となり得るからです。

5. 信用状とは

信用状付き荷為替手形決済(Documentary Bill of Exchange with L/C payment)の仕組みについて説明する前に，まず信用状を簡単に理解する必要があります。

信用状(L/C: Letter of Credit)は，予定される支払者(一般には買い手である輸入者)の依頼に応じて，銀行が受益者(Beneficiary)に対して発行する書類です。発行銀行は，受益者(一般には輸出者)に対して発行銀行を名宛人として為替手形を振り出すことを容認し，その為替手形が信用状に記載されている条件と完全に合致させて振り出されていた場合は，その為替手形を拒絶せずに引き受け，かつ手形金額である輸出代金を輸出者に支払うことを保証する書類です。貿易取引契約の成立で輸入代金を支払う義務の生じる輸入者の債務を発行銀行が保証する，いわば一種の債務保証の書類です。

　しばしば信用状は，輸出者のために発行された輸出者の書類であると誤解されることがあります。これは，輸入地の銀行で発行された信用状が，すぐに輸出者の手元に届けられ，貿易決済が完了するまで輸出者が保持するなど，長期間，輸出者側に信用状があるという状況でそのような誤解が生じているかもしれません。

　しかし，信用状は輸入者の依頼に応じて発行されているという点と，輸入者の代金支払いを発行銀行が保証しているという機能の点からすると，明らかに信用状は輸入者のための書類です。

　銀行として信用状を発行することは，発行依頼人である輸入者に信用を供与することに当たるので，輸入者は，取引銀行との間にいくつかの約定書を取り交わす必要があります。まず，銀行との取引全般に関係する「銀行取引約定書」，信用状の発行に関係

する「外国為替取引約定書」と「信用状取引約定書」を取り交わされていることが前提になります。その上で，信用状の発行依頼のたびに通常は英文の「信用状開設依頼書」を提出します。この書類で記載された英文表記をもとに信用状が作成されます。

(1) **信用状の記載内容**　信用状に記載される事項は，基本的に銀行間で共通で，次のような項目が含まれます。信用状の開設を依頼された銀行は，輸入者の提出する英文の「信用状開設依頼書」に記載されるデータを基にして信用状を作成し，支払確約文言が書き加えられます。

① 信用状の通知方法
② 信用状の種類
③ 通知銀行
④ 受益者
⑤ 発行依頼人
⑥ 信用状の限度金額
⑦ 最終船積日
⑧ 有効期限(書類呈示のための有効期限)
⑨ 手形ユーザンス
⑩ 振り出す手形の限度金額
⑪ 商業送り状とその通数
⑫ 輸送関係の書類
⑬ 海上保険関係の書類
⑭ その他必要な書類
⑮ 商品名
⑯ 建値(貿易条件)
⑰ 積出地と到着地

銀行信用状の一例

ABC Bank, New York
201 Broadway, New York, NY 10052

IRREVOCABLE CREDIT NO. 12105834

DATE: April 19, 2013

Gentlemen:

We hereby open in your favor an Irrevocable Without Recourse Letter Of Credit for the account of XYZ Importing Co., Inc. for a sum or sums not exceeding a total of US$ 95.040- (say Ninety-Five Thousand and Forty US Dollars Only) available by your draft(s) at sight drawn on us for 100% invoice value accompanied by following documents:

Signed Commercial Invoice in six copies.
Marine Insurance Policy (or Certificate) in duplicate for 110% of invoice value including : Institute Cargo Clauses (A), Institute War Clauses and Institute Strikes, Riots and Civil Commotions Clauses.
Full set of clean "on board" ocean Bills of Lading issued to order, blank endorsed, marked "freight prepaid" and "notify: buyer"
Certificate of Origin
Packing List in duplicate
Detailed Weight List

Trans-shipments are not permitted.
Partial shipments are permitted.
Shipment must be effected not later than July 25th 2013
Drafts must state "Drawn under ABC Bank, New York, Irrevocable Credit No. 12105834 dated April 19, 2013."

The amount to any draft negotiated under this credit, with the date of negotiation, must be endorsed on the reverse hereof by the negotiating bank.

We hereby agree with the drawers, endorsers and bona-fide holders of drafts drawn under and in compliance with the terms of this Credit that the same shall be duly honored by the drawee on presentation if drawn and presented for negotiation not later August 10, 2013.

Instruction to Negotiating Bank: the draft(s) and documents taken up under the credit are to be forwarded directly to us by you.

For reimbursement: we hereby guarantee that the draft drawn under this credit will be duly paid by drawee at maturity and we shall credit your account or designated account with us on the due date of such draft.

Very truly yours,

ABC Bank, Ltd.

This credit is issued subject to Uniform Customs and Practice for Documentary Credits (2007 version), International Chamber of Commerce, Publication No 600

⑱ 分割船積の規定
⑲ 積替えの規定
⑳ その他の特別条件(呈示期間)
㉑ 国外で発生する手数料負担の区分
㉒ TTリンバース(電信による求償)
㉓ 署名(信用状発行依頼人の署名)

(2) 信用状の利害関係者　　輸入地で発行された信用状は，いったん，輸出地に送付され，後に手形決済のために再び輸入地に戻ってきます。このように，信用状はさまざまな人の手を渡って流通します。

① 信用状発行依頼人　　信用状は，輸入者がその取引銀行に依頼して発行してもらいます。したがって，この信用状の発行を依頼した輸入者が信用状発行依頼人ということになります。

② 信用状発行銀行　　信用状発行依頼人である輸入者の発行依頼を受けて信用状を発行する銀行を，信用状発行銀行といいます。基本的に信用力があればどのような金融機関でも信用状は発行できます。輸出者が，発行銀行の信用力に懸念をもつような場合は，第三者の銀行に確認銀行になってもらい，仮に発行銀行が取引期間中に倒産したとしても確認銀行の保証で信用状決済を予定した貿易取引を継続できます。

③ 信用状受益者　　信用状によって恩恵を受ける者を信用状受益者といいます。発行銀行が発行した信用状を受け取り，

それに基づいて荷為替手形を振出し,輸出地の取引銀行に代金請求できるのは輸出者です。したがって,通常は,輸出者が受益者となります。

④ 信用状通知銀行　　信用状発行銀行は,受益者に信用状を送付するために,輸入地にある同じ銀行の本支店か,あるいはコルレス契約を結んでいる海外の銀行を経由して信用状を受益者に通知してもらいます。この信用状の通知を行う銀行を通知銀行といいます。

⑤ 手形買取銀行　　約定品を船積し,信用状に基づいて為替手形を振出し,輸出地の銀行に買取ってもらいます。この銀行を手形買取銀行といいます。

6. 信用状付き荷為替手形決済

信用状付き荷為替手形決済(Documentary Bill of Exchange with Letter of Credit Payment)はしばしば「信用状決済」(L/C Payment)と略称されます。信用状だけで決済がおこなわれるような印象を与えますが,荷為替手形による決済でその補助的な書類が信用状であるという解釈が正確です。

信用状決済の流れを理解するためには,基本的には荷為替手形による決済ですので,まずは荷為替手形の流れについて簡単に説明します。

・輸出者は船積後に荷為替手形(為替手形と船積書類)を準備する
・輸出者は荷為替手形を取引銀行に持ち込んで,船荷証券(B/L: Bill of Lading)と為替手形を取引銀行に手形の買取を依頼する

- 銀行が荷為替手形を買い取り輸出代金の立替払いをするか，あるいは取立手形として輸入地での手形決済を待つかは条件によって異なる
- 手形買取がおこなわれた場合，輸出者は輸出代金を輸出地で銀行から受け取る
- 輸出地の手形買取銀行は手形決済のため，輸入地の銀行に荷為替手形(手形と船積書類)を送付する
- 輸入者は輸入地の銀行において荷為替手形の手形決済もしくは手形引受をおこなうことで船荷証券を入手する
- これにより輸入者は輸入代金を輸入地で決済する
- 輸出地で手形買取でなく取立手形となった場合は，この時点で輸出者は輸出代金を回収する
- 輸入者は船荷証券と引換えに船会社から商品を入手する

　この荷為替手形による貿易決済に，信用状が加わることによって，為替決済の利点が際立ってきます。信用状決済は，一般には次のような手順で進むことになります。

① **信用状の発行依頼**(輸入者側)

　　売買契約の締結後に，輸入者は取引銀行に対して信用状の発行を依頼します。銀行にとって信用状の発行は輸入者に対する債務保証にあたるために，与信審査と費用が生じます。審査自体は取引銀行ですので比較的短期間で終了します。

　　信用状発行に際しては2種類の費用を輸出者は負担しなければなりません。ひとつは，発行手数料・開設手数料(Opening Charge)で銀行の純粋

L/C決済

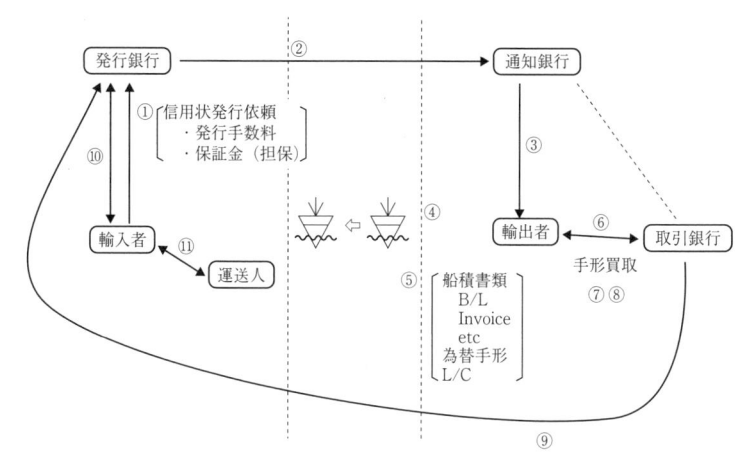

```
発行銀行 ──────②──────→ 通知銀行
  ↑↓                        ↓
  ⑩  ①信用状発行依頼          ③
      ・発行手数料
      ・保証金（担保）
  輸入者                    輸出者 ←⑥── 取引銀行
     ⑪→ 運送人    ④              手形買取
                  ⑤船積書類        ⑦⑧
                    B/L
                    Invoice
                    etc
                    為替手形
                    L/C
                              ⑨
```

なサービス提供に対するコストです。もうひとつが信用状開設にともなう保証金（Deposit）と呼ばれるもので，一定期間，銀行が輸入者の代わりに支払いを保証するわけですから，それなりの担保の設定が求められることがあります。

輸入者に十分な与信枠がない，担保の設定ができないといった場合は，信用状開設枠に余裕のある企業に代理として信用状開設を依頼するケースもあります。また，最近，銀行によっては信用保証協会の保証によって，担保の設定なしに信用状を開設するサービスを提供している銀行もあります。

このような手続きをとって輸入地で信用状が発行されます。この信用状を発行した銀行を発行銀行（Opening Bank, Establish Bank, Issuing Bankなど）といいます。

② **信用状の発行**(輸入地の銀行)

輸入者から信用状の発行依頼を受けた取引銀行は，輸出者の取引銀行宛に信用状を送付します。

③ **信用状の通知**(輸出地の銀行)

輸出者の取引銀行が，輸出者に信用状の到着を通知し，信用状を交付します。信用状の通知をおこなう銀行を，通知銀行(Notify Bank, Advising Bank)といいます。輸出者が信用状を受け取ることで，仮に輸入者が支払いを行わない場合には，信用状を発行した輸入者の取引銀行(発行銀行)に対して輸出代金を請求することが可能になります。

この際，輸出地の発行銀行と，輸入地の通知銀行の関係は，同一銀行の国内本支店と海外支店の関係か，コルレス契約を結んだコルレス銀行(業務提携銀行)の関係にあるかのどちらかになります。

④ **契約品の準備**(輸出者側)

信用状を入手した輸出者は，契約条件に従って商品を手配し，船積の準備をします。信用状に記載されている必要な船積書類などを準備しますが，船荷証券だけは船積後に発行されます。

⑤ **船荷証券の入手**(輸出者側)

船積が完了すると，本船から本船受取証(M/R: Mate's Receipt)が発行され，船会社はこのM/Rと引換えに輸出者に船荷証券を発行します。

⑥ **荷為替手形の買取依頼**(輸出者側)

輸出者は，信用状，船積書類(船荷証券，インボイスなど)を添付して為替手形を発行します。輸出者は取引銀行にこの荷為替手形(自己指図為替手

形)の買取(Negotiation)を依頼します。買取とは債務者である輸入者の手形決済を待たずに，銀行が手形代金相当額を現金にて債権者である輸出者に渡すという行為を指します。

　この際に，荷為替手形の船積書類だけを全当事者の了解のうえで，輸出者が取立銀行である輸入地の発行銀行に直送するケースがあります。これをダイレクト・コレクション(Direct Collection)といいます。背景としては，輸送手段の高速化で船積書類よりも貨物が先に輸入地に到着するケースが出てきたからです。確かに，貨物が輸入地に到着しているにもかかわらず，その貨物を船会社から引き出すための船荷証券が届いていないという事態は好ましくありません。ただし，銀行としては荷為替手形の担保裏付けとなる書類がなくなるわけですから，輸出者の一存でダイレクト・コレクションをおこなうことはできません。

⑦ **信用状と船積書類のチェック(輸出地の銀行)**

　手形買取を依頼された銀行は極めて慎重に信用状の記載事項と船積書類の記載事項のチェックをおこないます。なぜならば，発行銀行が輸入者の債務を保証する条件として「信用状記載の条件と完全に一致させて手形は振り出さなければならない」と明記されているからです。逆にいえば，信用状記載の条件と異なって降り出された為替手形に対して，銀行は輸入者の債務を保証しないことになります。

　債務保証のない信用状はほとんど意味がなく，

また輸出地の銀行は信用状によって裏打ちされた取引の全体像を理解しているわけではありません。銀行は，持ち込まれた書類だけで，手形買取をおこなうかおこなわないかを決める必要があります。

そのために信用状と荷為替手形の船荷証券とのチェックは細かな点まで厳密におこなわれます。

なぜ，信用状の記載事項と船積書類の記載事項が一致していることをチェックするのでしょうか。信用状は輸入地で輸入者の依頼で発行されます。それに対して船積書類はすべて輸出地で実際の貨物の出荷にもとづいて発行されます。信用状の内容と船積書類の内容が一致していないことをディスクレ（書類上の不一致：Discrepancy）といいますが，ディスクレがあるというのは，貿易取引に対して輸入者の予定・期待と実際の輸出が異なっておこなわれたという意味になります。当然ながらそのような取引は，後日トラブルとなるでしょう。銀行としてはトラブルに巻き込まれるのは不本意ですから，ディスクレがないことを確認するために慎重にチェックされるわけです。

⑧ **荷為替手形の買取り（輸出地の銀行）**

信用状の記載事項と船積書類の記載事項にディスクレがないと判断した場合，取引銀行は輸出者が持ち込んだ荷為替手形を買い取ります。仮に，一覧後90日払いなど手形期限のある為替手形の場合であっても，銀行は手形を買取り，輸出者はこの時点で輸出代金を回収することになります。

ただし，本来，その為替手形は債務者である輸

入者が引き受けた後，90日後に決済される手形ですので，その間は手形買取銀行が立替払いをした形になります。厳密にいえば，輸出地から輸入地の銀行に為替手形が渡る日数を銀行は定めており(Mail Day)，その日数分も立替払いとなります。したがって輸出者が実際に手にできる金額は，手形金額から90日とメイルデイの合計日数分の金利を差し引いた金額になります。

⑨ 荷為替手形の送付(輸出地の銀行)

荷為替手形の買取依頼に応じた輸出者の取引銀行は，信用状の発行銀行に，荷為替手形と船積書類を送付します。発行銀行である輸入者の取引銀行は，荷為替手形等を受け取り，輸入者にそれを通知します。

⑩ 荷為替手形の引受けおよび船荷証券の受け取り(輸入者側)

船会社から貨物の到着の連絡があったとしても，貨物を引き出すために必要な船荷証券の原本が輸入者の手元にはありません。船荷証券の原本は船積書類として手形買取銀行から輸入者の取引銀行に送付されています。

そこで輸入者は，通知のあった取引銀行に出向き，荷為替手形の決済もしくは引受けをおこないます。それと引換えに，船荷証券を含む船積書類を受け取ります。

⑪ 商品の受け取り(輸入者側)

手形の決済により取引銀行から受け取った船荷証券と引換えに，船会社から商品を受け取ります。

7. 信用状とディスクレ

ディスクレとは,書類上の不一致がある場合をいいます。船積書類や為替手形に記載されている事項が信用状条件と異なっていること,書類に不一致があることなどです。ディスクレは,輸出入者双方にとって発生する可能性があります。

(1) 輸出者の場合

船積書類記載事項が信用状記載事項と異なっている,期限内に船積ができないなど何らかのディスクレが生じた時,輸出者は,買取銀行経由で輸入者に信用状の内容変更(Amend)をしてもらいます。

ディスクレの内容が軽微で輸出者の信用が十分なとき,輸入者がそのディスクレの内容を承知しているときなどには,輸出者は買取銀行にL/G(Letter of Guarantee:保証状)を差入れて荷為替手形を買取ってもらいます。

このL/Gには「船積書類の不備にもとづく事故は,すべて輸出者の責任とし,万一手形が不渡りになった場合は,手形金額の償還に応ずる」旨が記載されます。

(2) 輸入者の場合

船積遅延,信用状の有効期限経過,数量不足,信用状金額の超過等がディスクレの直接的な原因として挙げられます。

発行銀行がディスクレを発見した場合は,まず輸入者にディスクレを応諾するかどうかを確認します。輸入者がディスクレを認め,早期に書類を引取る場合は,通常の手続きが取られます。

8. 信用状なし荷為替手形決済

　　　　　　荷為替手形による貿易決済は，信用状(L/C)を併用することによって非常に上手く決済実務が進行します。輸出者は輸入者の代金支払いとは無関係に，取引銀行に荷為替を買い取ってもらうことで輸出代金を回収することができます。輸入者側も，輸出者に直接代金を支払うのではなく，取引銀行から提示された荷為替手形を支払うか引き受けるかによって商品の受け取りと輸入代金決済が完了します。このように，信用状決済は貿易取引では好ましい決済方法です。

　　　しかし，主に輸入者側の事情により信用状を利用できない場合があります。信用状を発行する銀行からすると，信用状の発行は輸入者への与信行為にあたるので，ビジネスの実績がない，財務状態に懸念があるなど輸入者に十分な与信能力がないと判断した場合は，信用状が発行されないケースも出てきます。信用状が発行されたとしても，与信枠の乏しい輸入者にとって担保の差し出しが大きな負担になります。

　　　このような場合，信用状なしの荷為替手形決済となり，具体的には支払書類渡し手形決済(D/P: Document against Payment)か，引受書類渡し手形決済(D/A: Document against Acceptance)のいずれかです。それぞれの決済方法の流れを簡単に説明します。基本的には，信用状決済の手順から信用状に関連する部分がない決済方法だと考えると理解が早いかもしれません。

9. 支払書類渡し手形決済

信用状付き荷為替手形決済を参照しながら，支払書類渡し手形決済(D/P payment)の流れを順を追って説明します。

① **契約品の準備**(輸出者側)

契約が決まった後，輸出者は，契約条件に従って商品を手配し，船積みの準備をします。信用状が手元に届けば，代金回収の懸念はなくなりますが，D/P手形決済では信用状がないので代金回収の不安は残りますが，契約した以上は期日までに船積みをおこなわなければなりません。

② **船荷証券の入手**(輸出者側)

船積みが完了すると，本船から本船受取証(M/R: Mate's Receipt)が発行され，船会社はこのM/Rと引換えに輸出者に船荷証券を発行します。D/P手形決済専用の船荷証券というものはありません。信用状決済と同一の書類です。

D/P手形決済

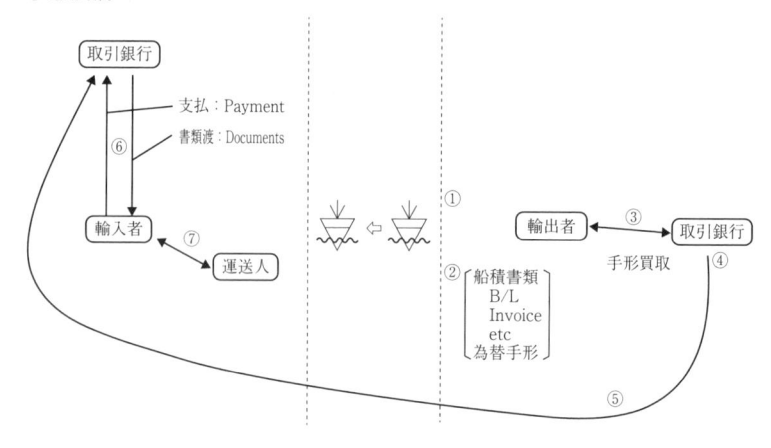

③ 荷為替手形の取立依頼(輸出者側)

輸出者は，船積書類(船荷証券，インボイスなど)を添付して為替手形を振り出します。輸出者は取引銀行にこの荷為替手形を持ち込みますが，信用状決済と異なり，手形の支払いを保証する書類(信用状)がないため原則は取立手形扱いとなります。

何らかの信用があれば手形の買い取りに応ずることもありますが，その代表的なケースが輸出手形保険です(第16章参照)。輸出手形保険は日本政府の貿易保険制度のひとつで，輸入者が何らかの事情で債務不履行におちいった場合に，日本企業の未回収の輸出代金を補填するという保険です。したがって，丁度，信用状決済の発行銀行の役割を政府が担っていることになるので，輸出地の銀行は輸出者の振り出したD/P手形を信用状なしでも買い取ることができます。

④ 荷為替手形の取立(輸出地の銀行)

信用状のないD/P手形決済の場合は，原則として輸出地の銀行で手形買取はおこなわれず取立手形扱いとなります。したがって，一覧後90日払いなど手形期限のある為替手形の場合でも，信用状決済ではすぐに輸出代金の回収が可能でしたが，D/P手形決済では原則として代金回収は輸入者の手形決済後になります。

⑤ 荷為替手形の送付(輸出地の銀行)

荷為替手形の取立を依頼された輸出者の取引銀行は，輸入地の銀行に，荷為替手形と船積書類を送付します。輸入者の取引銀行は，荷為替手形等

を受け取り,輸入者にそれを通知します。

⑥ **荷為替手形の支払いおよび船荷証券の受取り(輸入者側)**

　船会社から貨物の到着の連絡があったとしても,貨物を引き出すために必要な船荷証券の原本が輸入者の手元にはありません。船荷証券の原本は船積書類として輸出地の銀行から輸入者の取引銀行に送付されています。

　そこで輸入者は,通知のあった取引銀行に出向き,荷為替手形の決済をおこないます。その手形支払い(Payment)に対して,銀行は船荷証券を含む船積書類(Documents)を引き渡します。この支払いに対して船積書類を渡すという手続き(Documents against Payment)を規定している為替手形がD/P手形です。輸入者の手形決済後に,輸出者は取引銀行から輸出代金を受けとります。

⑦ **商品の受取り(輸入者側)**

　手形の決済により取引銀行から受け取った船荷証券と引換えに,船会社から商品を受け取ります。

(1) **D/P手形のユーザンス**

　D/P手形では,輸入者が輸入代金を支払うことで船積書類を入手することができるので,手形の期限はそれに応じて制約を受けることになります。

　たとえば,一覧後180日手形のように長期のユーザンスが付いている場合,輸入者は取引銀行でその手形をサイト(Sight)してから180日,つまり6カ月後に手形代金の決済をして,6カ月後に船積書類を受取って,6カ月後に貨物を船会社から引き出す

ということになります。

　商品が輸入地に到着してから数カ月間も商品の引き取りをおこなわないというのは不自然です。したがってD/P手形は一覧払い手形(At Sight Bill)になるか，期限付き手形であったとしても輸出地から貨物が輸入地に到着するまでの輸送に要する日数分の手形期限となります。

10. 引受書類渡し手形決済

　引受書類渡し手形決済(D/A Payment)と支払書類渡し手形決済の違いはわずかです。

　D/P手形決済を参照しながら，引受書類渡し手形決済の流れを説明します。

① **契約品の準備(輸出者側)**

　契約が決まった後，輸出者は，契約条件に従って商品を手配し，船積みの準備をします。D/P手形決済と同様に，信用状がないので代金回収の不安は残りますが，契約した以上は期日までに船

D/A手形決済

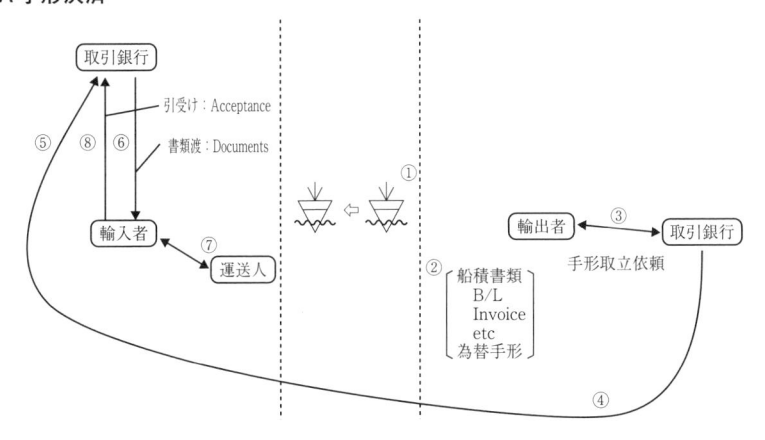

積みをおこなわなければなりません。

② **船荷証券の入手**(輸出者側)

船積みが完了すると，本船から本船受取証(M/R: Mate's Receipt)が発行され，船会社はこのM/Rと引換えに輸出者に船荷証券を発行します。信用状決済，D/P手形決済と同一の書類です。

③ **荷為替手形の取立依頼**(輸出者側)

輸出者は，船積書類(船荷証券，インボイスなど)を添付して為替手形を振り出します。輸出者は取引銀行にこの荷為替手形を持ち込みますが，信用状決済と異なり，手形の支払いを保証する書類(信用状)がないため取立手形扱いとなります。

D/P手形の場合，輸出手形保険に入っている場合に限り，手形の買取がおこなわれますが，D/A手形は輸出手形保険の対象外ですので，ほぼ取立手形扱いとなります。

④ **荷為替手形の取立**(輸出地の銀行)

D/A手形決済はD/P手形決済と同じように，輸出地の銀行で手形買取はおこなわれず取立手形扱いとなります。したがって，一覧後90日払いなど期限付き為替手形の場合でも，D/P手形決済と同様に代金回収は輸入者の手形決済後になります。

⑤ **荷為替手形の送付**(輸出地の銀行)

荷為替手形の取立を依頼された輸出者の取引銀行は，輸入地の銀行に，荷為替手形と船積書類を送付します。輸入者の取引銀行は，荷為替手形等を受け取り，輸入者にそれを通知します。

⑥ 荷為替手形の引き受けおよび船荷証券の受取り（輸入者側）

　船会社から貨物の到着の連絡があったとしても，貨物を引き出すために必要な船荷証券の原本が輸入者の手元にはありません。船荷証券の原本は船積書類として輸出地の銀行から輸入者の取引銀行に送付されています。

　そこで輸入者は，通知のあった取引銀行に出向き，荷為替手形の決済をおこないます。この際の為替手形の処理が，D/P手形とD/A手形の最大の相違点です。

　D/P手形決済では，その手形支払い（Payment）に対して，銀行は船荷証券を含む船積書類（Documents）を引き渡しました。しかしD/A手形決済では，輸入者が銀行から呈示された為替手形を引き受け（Acceptance）するだけで，船積書類を入手することができます。手形の引き受けとは，呈示された為替手形を拒絶せずに，手形の期限までに決済することを銀行に対して約束する行為を指します。したがって，この時点ではまだ輸入代金の決済は完了していませんが，船積書類を受け取ることができるという点が，D/A手形と大きく異なるポイントです。

⑦ 商品の受取り（輸入者側）

　手形の決済により取引銀行から受け取った船荷証券と引換えに，船会社から商品を受け取ります。

⑧ 荷為替手形の支払（輸入者側）

　手形の期限までに輸入地の取引銀行で輸入代金

の決済をするために為替手形の支払をおこないます。輸入者の手形決済後に，輸出者は取引銀行から輸出代金を受けとります。

輸入者の決済資金は，すでに銀行に手形の引き受けをして受け取っている船荷証券を転売して得た資金かもしれません。あるいは，輸入した商品を自らが販売して得た売上げの一部かもしれません。

このように，D/A手形決済は，輸入者に輸入のための資金がなくとも輸入ビジネスを開始できる機会を提供します。D/P手形決済の場合は，船荷証券を受け取る際に手形を決済する必要がありますから，少なくとも輸入ビジネスを開始するために商品の輸入代金分の資金は必要になります。

11. 決済手段の利害対立

信用状決済の利点

輸出者	輸入者
・代金回収の不安がなくなる	・不足している信用力を補ってくれる
・輸出代金の回収が早い	・出荷を確認してから代金を支払うことができる
	・安い価格を引き出すことができる

信用状決済を敬遠する理由

輸出者	輸入者
・とくになし	・信用状開設時に担保を差し入れなければならない

送金によらない貿易決済である為替手形による決済には，信用状決済，D/P手形決済，D/A手形決済の3つの決済手段から選択できます。輸出者と輸入者，それぞれの立場からこの3つの決済手段を検討比較してみましょう。

(1) 信用状決済の輸出者側の利点

輸出者の立場で一番好ましい決済手段はどれでし

ょうか。これは誰もが信用状決済であると答えるに違いありません。契約成立後，輸入者側から送付されてくる信用状さえ手に入れてしまえば，輸出代金の回収の不安は解消します。

　なぜならば，輸出代金の回収のために，輸出者が振り出す荷為替手形の引受けと支払を，信用状の発行銀行は約束しているからです。ですから輸出者が振り出した荷為替手形が不渡りになるケースは，輸入者が債務不履行におちいると同時に発行銀行が債務不履行になるケースだけです。輸入者が契約成立後に仮に倒産したとしても，発行銀行が荷為替手形の支払をおこなうことになるので，輸出代金の回収は可能です。

　また，信用状決済では，他の決済手段と比べて，代金回収の時期が早いことも特徴です。それは，輸出者が船積後に振り出した荷為替手形を，輸出地の銀行が，その為替手形を輸入地に取立扱いとして処理するのではなく，為替手形を買取るからです。ですから，船積後に船積書類と為替手形さえ用意すれば，船積直後あるいは数日中に輸出代金の回収が完了することになります。

(2) 輸出者にとってのD/P手形決済とD/A手形決済

　信用状決済に比べると，輸出者側にとってはD/P手形決済もD/A手形決済も好ましいとはいえません。どちらがより好ましくないかというのは非常に微妙で，敢えていえばD/A手形決済の方がより好ましくありません。

　D/P手形決済の場合，船積書類が為替手形決済

における一種の担保物のようになっていて，輸入者が代金決済できない場合，輸出した貨物を回収してリスクを補填できる可能性が高いのですが，D/A手形決済では，輸入者は手形の引受けをするだけで船積書類を手に入れてしまいますので，仮に代金決済できなくなったとしても，すでに貨物は転売されていることも十分に予想され，出荷した貨物も代金も回収することはほとんど不可能です。

(3) **輸入者にとってのD/A手形決済**

輸入者にとってD/A手形決済は有利であるとはいえませんが，都合の良い使い勝手の良い決済手段であるかもしれません。というのは，D/A手形に長いシッパーズユーザンスを付けてもらうと，手形決済が長期にわたって猶予されますので，輸入資金がなくとも輸入ビジネスができるからです。

輸出者側は代金回収が遅れますので嫌がりますが，たとえば180日という手形期限を認めてもらったとします。輸入者は，輸出者が振り出した一覧後180日払いの為替手形を受け取ってから，180日後，すなわち6カ月後に手形決済すればよいことになります。その半年間で輸入した商品を売り捌いてしまい，その売り上げ金で180日後に，銀行に出向いて手形決済をすれば良いことになります。

(4) **輸入者にとっての信用状決済**

信用状決済は，一般に，輸出者にとっては有利ですが，輸入者にとっては非常に辛い決済手段だといわれます。確かに，信用状を開設する段階でかなり多額の担保を銀行に差し出す必要がありますので，

輸入者にとって信用状決済は一種の前払い決済に近いと認識されています。このような意味においては，輸入者が積極的に信用状決済を選好する理由を見つけることはできないかもしれません。

辛い決済手段ではありますが，信用状開設時の担保設定の問題さえ解決されれば，輸入者とて，この決済手段を排除する理由は見当たりません。

たとえば，業歴の浅い会社や資金繰りに窮している企業にとって信用状決済は都合が良いかもしれません。外部からの信用状態の評価が悪く，取引相手に選ばれる確率は低いかもしれませんが，この会社が信用状決済で輸入したいと申し出たならば，それを断る企業はないはずです。なぜなら，たとえ契約成立後に輸入者が倒産したとしても，発行銀行がその債務を肩代わりするというのですから，安心して輸出契約を結ぶことができます。

このように，不足気味の信用力を補う必要のある企業にとっては，貿易取引というビジネスフィールドに参戦するための貴重なツールのひとつが信用状となります。

輸入者にとって信用状決済が不利ではないというもうひとつのポイントは，信用状決済は常に輸出者にとってもっとも有利な決済手段であることに関連しています。同じ商品を不利な条件で販売する場合，不利な条件であるということを輸出者はどこに反映させるでしょうか。一般には価格に転嫁させ，不利であればあるほど，売値を上げます。その逆も成りたちますから，有利であればあるほど，売値を下げ

ることができます。

輸入者はこの事実を上手く使うことで、輸出者側から安い価格を引き出せる可能性が高いのです。つまり、輸出者にとって不利なD/A手形決済だから安くしてくれ、とは主張できませんが、輸出者にとって有利な信用状決済だから安くしろという交渉は十分に可能性があります。

同一商品を安く買うという意味では、輸入者にとって信用状決済は決して悪い決済手段であるとはいえません。

12. 信用状の二大原則

(1) 信用状独立の原則

> **信用状の二大原則**
> ・信用状独立の原則
> ・書類取引の原則

売主と買主が売買契約等を締結し、それをもとに信用状は発行されますが、信用状がいったん発行されると、売買契約やそれに付随する各種契約等からは完全に独立して解釈されます。これを「信用状独立の原則」といいます（ICC荷為替信用状に関する統一規則および慣例）。

(2) 書類取引の原則

信用状取引では、すべての関係当事者が、書類のみによって信用状に合致しているか否かを判断するとされています。これを「書類取引の原則」といいます（UCP600 第5条）。ですから、信用状通りの書類が提示されていれば、輸入者が実際に受け取った荷物と売買契約書に定めている品質が異なっているとしても、それを理由に支払いを拒否することはできないということです。逆にいえば、船積書類と信用状にディスクレがあれば、銀行は荷為替手形を買い取りません。このことを、厳格一致の原則といいます。

13. 信用状の種類

> **信用状の種類**
> 取消不能信用状：Irrevocable L/C
> 取消可能信用状：Revocable L/C
> 無確認信用状：Confirmed L/C
> 確認信用状：Unconfirmed L/C
> 買取銀行指定信用状：Restricted L/C
> 買取銀行不指定信用状：Open L/C
> 譲渡可能信用状：Transferable L/C
> 回転信用状：Revolving L/C

信用状はその性質や用途によっていくつかに分類することができます。これらは独立した種類の信用状である場合もありますが、いくつかが組み合わされることもあります。たとえば、Irrevocable Confirmed Restricted L/C といった具合です。

(1) 取消不能信用状と取消可能信用状

取消不能信用状(Irrevocable L/C)とは、輸入地で発行された信用状がいったん受益者に通知された以上は、その信用状に関わる全当事者の同意がなければ信用状の取消または記載事項の修正ができない信用状のことです。この場合の全当事者とは、一般に、輸出者、輸入者、発行銀行、通知銀行、確認銀行があれば確認銀行になります。通常、信用状というと、この取消不能信用状を指します。

たとえば、信用状の発行以降に、輸入者が突然、契約キャンセルしたいと考えたとします。取消不能信用状ならば、輸入者は輸出者も含めて全当事者の合意を取る必要があります。

これに対し、取消可能信用状(Revocable L/C)は原則として何時でも取消または変更ができるので、信用状決済であっても一方的なキャンセルが可能になります。しかし、現実にはいったん発行された信用状がキャンセルされるという事態を、信用を重んじる発行銀行は避けたいと考えます。したがって、取消可能信用状だからといって、容易に信用状の取

消や変更ができると考えるのは早計です。

(2) 無確認信用状と確認信用状

信用状は本来は信用力の十分にある金融機関が発行すべき書類ですが，現実には銀行に限らずさまざまな金融機関が信用状を発行しています。信用状決済は，信用状を発行した銀行が債務不履行におちいらないということを前提にしていますので，信用力の乏しい信用状は好ましくありません。

とはいえ，いったん発行された信用状を拒否して，輸入者に別の銀行が発行する信用状を要求するのは困難です。そこで，発行銀行の信用力に懸念がある場合，輸出者側の取引銀行に，確認手数料を支払って当該信用状の再保証をお願いするケースが出てきます。このような銀行を確認銀行(Confirmed Bank)といいます。輸入者の債務保証を発行銀行，発行銀行の信用保証を確認銀行がおこなう信用状を，とくに確認信用状(Confirmed L/C)と呼びます。

確認信用状による決済で輸出者が代金回収できなくなるのは，輸入者と発行銀行と確認銀行の三者が同時に債務不履行に陥ったときだけです。ですので，極めて安全な信用状であるといえます。

このような確認銀行が関係しない通常の信用状は，確認信用状と区別する意味で無確認信用状(Unconfirmed L/C)となります。

(3) 買取銀行指定信用状と買取銀行不指定信用状

信用状の記載事項のなかで，輸出者が振り出す為替手形の様式についての事項があります。ここで手形の名宛人として特定の銀行名が記載されている信

用状を，買取銀行指定信用状(Restricted L/C)といいます。

信用状決済で輸出者側から輸出地の銀行についてとくに指定しない場合，発行銀行の輸出地側の海外支店や発行銀行と関係の強い銀行(たとえばコルレス銀行)に信用状を仕向けようとする傾向があります。

このような場合，信用状の中で手形買取銀行として輸出者と取引のない銀行が指定されるケースが出てきます。輸出者はいったん，取引銀行に為替手形の買取を依頼し，依頼された取引銀行が信用状で指定された銀行に買取依頼するという煩雑なステップを踏む必要があります。

したがって信用状の開設時点で，輸出者側から輸入者に，輸出者の取引銀行でもある通知銀行を買取銀行にする予定であることを前もって伝えるべき問題です。もちろん，発行銀行と通知銀行がコルレス銀行の関係にあるということが前提です。

通常の信用状では買取銀行が指定されていませんので，買取銀行不指定信用状(Open L/C)という解釈になります。

(4) **譲渡可能信用状**　　譲渡可能信用状(Transferable L/C)とは，信用状に記載されている第一の受益者が，譲渡銀行(通常は通知銀行)に対し，1回に限り，信用状の全部または一部を他の受益者が使用できるよう要求することができる信用状です。

通常の信用状では記載された者だけが受益者になれますが，譲渡可能信用状は発行時点で受益者不明

のまま発行される信用状とみることができます。たとえば，海外で買付契約をおこなう際などに，買付代理店を第一受益者として譲渡可能信用状を開設しておき，現地で売買契約が成立したときにこれを第二の受益者に譲渡する場合などで用いられます。

譲渡可能信用状は，第一受益者から誰に譲渡されるかが分かりませんので，銀行は一般的に譲渡可能信用状の開設には慎重です。とくに，第一受益者の所在する国以外の第三国の者を第二受益者とする譲渡も可能ですので，発行銀行から第三国への譲渡を禁止する制約が加わる場合があります。

(5) 回転信用状

信用状の限度金額が一定期間，使用されるたびに自動的に更生して，くりかえして使える信用状のことです。同じ取引先から，同じ商品を反復継続して輸入する場合に用いられます。

船積のたびに信用状の発行依頼をおこなう場合や，信用状のアメンド(記載事項の修正)によっても対応ができますが，手数料や手間暇を考えると，この回転信用状(Revolving L/C)の利点が見えてきます。

具体的には，信用状を発行する際に，その船積・決済が完了すると同時に，信用状の最終期限まで，同額の信用状が毎回自動的に設定金額まで更新し，あるいは使用した分の金額が自動的に復元する旨の文言を付して発行してもらいます。

14. 外国為替のコントロール

　為替危険(Exchange Risk)は，外貨で取引しない限りは発生しないリスクです。ここ数年の日本円の対ドルレート，対ユーロレートの変動幅は邦貨価値の20％以上にのぼります。短期的な為替レートの変動に伴う差損や差益といったものだけでなく，円高水準が長期間続くことによる輸出競争力の低下も大きな問題としてクローズアップされています。この章では，外国為替リスク回避の方法についてみてみましょう。

1. 貿易取引の三大リスク

貿易取引の三大リスクと回避策
信用危険 ⇨ 信用調査＋信用状決済
輸送危険 ⇨ 海上保険
為替危険 ⇨ 　　？

　貿易取引には，国内取引にない3つの大きなリスクがあるといわれます。それは信用危険，輸送危険，為替危険です。

　信用危険(Credit Risk)は代金回収上の危険ともいわれます。貿易取引では国内取引と異なって，遠隔地の良く知らない企業が取引相手になりがちです。国内取引のように，比較的見知った相手との取引ならば，代金回収に多少の懸念があったとしても支払いの遅延程度ですみますが，海外の企業との取引では，入金の遅れに留まらず代金回収そのものが不能といった事態もあり得ます。

　輸送危険(Transportation Risk)も貿易取引では高いといわれます。国内取引では，北海道から九州まで商品を運んだとしても，2,000キロメートルの距離しかありません。海外に商品を輸出するとなると，たとえば欧州のオランダまで海路で17,000キロメートルほどの輸送距離になります。物理的な距離だけでなく，輸送中の環境も国内と比べものにならな

いほど厳しいものがあります。日本国内では、ほぼ隈無く丁寧に舗装された道路が続きますが、海外では少し郊外に入るだけで道路状態はかなり悪くなります。トラックで輸送中の貨物が、振動でダメージを受けるということが現実味を帯びるのが海外の道路状態です。輸送中の気温変化や高い湿度にも注意しなければならない地域が世界には多くあります。

2. 信用危険の回避

リスクに直面したならば、人間ですからできるだけそのリスクを回避する方策を探るでしょう。貿易取引の三大リスクである信用危険、輸送危険、為替危険についても、さまざまなリスク回避の方策が検討されてきました。

比較的未知の相手と取引をしなければならないという状況で、信用危険、つまり代金回収のリスクを回避する手段として、信用状決済があります。信用状は、輸入者の代金支払いを発行銀行が保証するという一種の債務保証ですから、代金の支払いに懸念がある相手や未知の相手との取引には有効な手段であるといえます。ただし、信用状による取引だけで信用危険を回避できると考えるのは間違いです。

信用状決済には、「信用状独立の原則」と「書類取引の原則」という２つの原則があります。この原則により、信用状決済では、実際に取引される貨物とは関わりなく、書類上問題がない場合は他の契約事項とは別個に決済がおこなわれることになります。つまりデジタルカメラの貿易取引で、書類上でデジタルカメラの取引を明示しているのであれば、実際

の貨物がデジタルカメラでなくとも信用状決済はおこなわれる可能性があります。

　ですから，信用状決済を利用するだけでは信用危険は回避できず，それに併せて相手企業を信用調査することが重要です。これにより，ほぼ信用危険は回避できます。

3. 輸送危険の回避

　貿易貨物を保険対象とする損害保険の一種である海上保険は歴史が古く，貿易取引の実情に合わせると同時に，保険契約者である輸出者や輸入者の利便性を考えて改良が続けられてきました。そのため，現在では貿易取引の輸送途中で何らかの貨物のダメージが発生した場合，ほとんどが海上保険で損害をカバーできるようになっています。

　おそらく輸送危険を回避する際に一番の問題は海上保険の条件そのものではなく，単純に保険を掛け忘れるヒューマンエラーにあるといっても過言ではありません。

　ある一定期間，当該企業からの輸出貨物すべてを保険対象とするような海上保険契約である包括予定保険(Open Cover)といったサービスを保険会社は提供しています。このようなサービスを利用して，貿易貨物への保険の掛け忘れさえ注意すれば，輸送危険はほぼ回避できるといえます。

4. 外国為替リスクとは

短期的な外国為替リスクの例

May 10　輸出契約	July 5　輸出決済
契約金額　US$100,000-	契約金額　US$100,000-
Exchange Rate US$1 = ¥100 ⇨	Exchange Rate US$1 = ¥80
¥10,000,000 入金期待	¥8,000,000 入金　△¥2,000,000

　貿易取引の三大リスクのうち，信用危険は信用状決済の利用と信用調査で，輸送危険は海上保険の締結でほぼ回避することができます。残りのリスクである為替危険だけは，いわゆる決め手となる回避策が今のところありません。このような意味で，貿易企業にとって最大の考えるべきリスクは外国為替に関連する危険だといって良いでしょう。

　ところで，外国為替リスクとはどのようなリスクを指すのでしょうか。一般には，外国為替レートの変動に伴って発生するリスクと考えられますが，なぜ外国為替レートが変動すると，企業にとってそれが危険なのでしょうか。

　日本にある日本企業が，日本からの商品を輸出するという契約を，5月10日に米ドル建て10万ドルで締結したとします。契約を米ドルでしましたので，決済通貨も米ドルとなり，この日本企業は10万ドルの為替手形を振り出すか，あるいは相手先から10万ドルの送金を受け取ることになります。

　日本企業が受け取るのは米ドルで10万ドルですが，日本企業は社内的にそれを邦貨換算で1ドル100円という為替レートをもとに，1,000万円分の輸出契

約と理解します。

契約は5月ですが、実際の輸出代金の決済が2カ月後の7月だとします。契約金額は2カ月で変わることはなく10万ドルのままです。ところが為替レートは日々変動しており、仮に7月に1ドル80円まで円高が進んだとしましょう。この時点で10万ドルを決済し、それを邦貨換算すると800万円となり、当初の1,000万円から200万円も目減りしてしまいます。この200万円を円高による為替差損といいます。

1ドルが100円から80円にわずか2カ月ほどで変動することが十分にありうるのは、2013年上期の外国為替レートの変動をみれば明らかです。1,000万円規模の取引で、わずか2カ月で200万円の差損がでるのですから、企業はなんとかしてこのリスクを少なくとも低減しようと努力しています。

5. 外国為替リスクの回避策

為替リスク回避策
自国通貨建ての輸出入契約
先物為替の予約
反対取引
円約款の挿入
為替変動保険の利用

企業はこれまでにもさまざまな方法で為替リスクを回避しようと努力してきました。まず、短期的な為替リスク回避の代表的な手法をみてみましょう。あわせて、なぜリスク回避の決め手にならないのかについても考えてみましょう。

(1) 自国通貨建ての輸出入契約

為替リスクは取引を外貨でおこなうゆえに発生するリスクです。したがって、単純に外貨での取引をしなければリスクは避けられます。日本企業ならば、円建て契約にすれば良いことになります。短期的為替リスク例では、10万ドルで契約したことで為替

リスクを受けることになるのですが，これを当初から1,000万円で輸出契約を日本企業が締結すれば，決済時期が2カ月後でも1年後でも1,000万円を獲得できます。

一見するとこれが為替リスク回避の決め手になりそうですが，そうではありません。日本の企業にとって円建て契約は，為替リスク回避に繋がりますが，外国の企業にとって日本円は外貨となるので，外国の相手先が為替リスクを負担するということになります。ビジネスですから，常に日本側が優位に立って契約ができるというわけではありませんので，この自国通貨建ての契約という手法は決め手にはなりません。

実は，日本企業もそれほど積極的に円建ての契約にこだわらないという側面もあります。なぜならば，円建て契約にすると確かに為替差損の発生はなくなります。しかし同時に，為替差益の可能性も失うことになります。円高になるか，円安になるかは予想が付きませんので，期待できる為替差益を消滅させるような手法にそれほど積極的でないとしても不思議ではありません。

(2) **先物為替の予約**

現在，広く一般的に利用されている為替リスク回避の手法が，先物為替の予約 (Forward Exchange Contract)です。これは銀行が提示している先物為替相場を活用した手法です。銀行は現時点の外国為替のレートの他に，数カ月先までのレートを公表しています。これは単に情報としてデータを提供して

14. 外国為替のコントロール

先物為替の予約によるリスク回避	
May 10　輸出契約	July 5　輸出決済
契約金額　US$100,000-	契約金額　US$100,000-
Spot Exchange Rate US$1 = ¥100	Spot Exchange Rate US$1 = ¥80
Forward Exchange Rate	
June　　　　　US$1 = ¥95	
July　　　　　US$1 = ¥90	予約したレート　US$1 = ¥90
August　　　　US$1 = ¥85	
¥9,000,000 入金予定	¥9,000,000 入金

いるのではなく，将来の為替レートを事前に銀行と約束できるということです。

　契約金額が米ドル10万ドルで，2カ月先の決済を予定して2カ月先の先物為替レート1ドル90円だとします。この時点で10万ドルの邦貨換算額が900万円になりますので，この900万円で採算が取れるかどうかを判断し，仮に採算が取れるとなったら1ドル90円で銀行に予約を入れます。

　2カ月後の決済時に円高が進み1ドル80円になっていても，2カ月前に予約を入れた1ドル90円というレートが適用になりますので，少なくとも受取額が目減りするという不測の事態は避けられます。

　この先物為替の予約という手法は，個人の顧客が外貨預金をする際にも利用できるなど，柔軟で簡便な為替リスク回避策となっています。したがって貿易取引でも広く使われる手法ですが，問題があるとすると為替差益を享受する機会を失う点かもしれません。円高局面では，日本の輸出企業にとって確かに先物為替の予約は有効に機能するのですが，円安の局面ではむしろ予約を入れたことよって得られた

かもしれない差益を逃してしまうことになります。

そこで，実際には，企業は外国為替相場の動向を読んで，契約金額のどの程度の割合で先物為替の予約を入れるのかという予約比率に苦心しています。具体的には，円高傾向が強いと判断した日本の輸出企業は，先物為替の予約比率を高め，逆に，円安傾向であると判断した場合は，予約比率を低くして多少の円安差益を享受しようとします。

(3) 反対取引

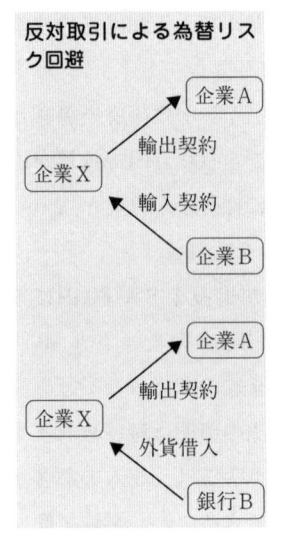

反対取引による為替リスク回避

企業X → 企業A（輸出契約）
企業X → 企業B（輸入契約）

企業X → 企業A（輸出契約）
企業X → 銀行B（外貨借入）

反対取引やマリー（Marry）と呼ばれる方法は，リスクを他者に負担させるという方法ではなく，為替リスクそのものを帳消しにしてなくしてしまおうという方法です。

契約金額と通貨と決済時期を合わせて，輸出契約と輸入契約を同時に結ぶという形が基本です。輸出取引と輸入取引は外国為替の影響という点からいうと正反対になるので，そこに着目した手法です。契約金額が1,000万円の輸出取引で1ドルが100円から80円へと円高が進んで，200万円の差損が発生したとします。ところが，同じ時期の輸入取引を想定すると，1ドルが100円から80円になったことで，10万ドルの輸入契約の邦貨換算での支払額が1,000万円から800万円へと200万円の差益となります。

輸出と輸入のどちらか一方で差損がでれば，他方では差益がでます。仮に金額と通貨と時期が同じであれば，どれだけ為替レートが変動しようとも差損分は差益分で帳消しになります。ここで為替リスクを回避するためのコストは，輸出契約と輸入契約の

金額，通貨，時期を調整するコストだけになります。

　厳密に決済金額と通貨と決済時期を合わせることは，現実的には難しいのですが，たとえばドル建て輸出で得た外貨を，部品などの海外調達に支払いに充てるといった取り組みは，すでに多くの日本企業で実践されています。為替リスクを回避しようという考え方としては，同じです。

　総合商社など同時並行的な輸出入取引を多く取り組んでいる企業にとっては，比較的取り組みやすい手法ですが，メーカーなどどうしても輸出額の方が輸入額よりも大きくなりがちなビジネスでは使いにくいことも事実です。

　しかし，これも多少仕組みを工夫すれば，どのようなビジネスでも為替リスク回避策として検討の余地があります。

　輸入取引がない場合でも，外貨借入をその都度実行することで，反対取引による為替リスク回避が可能になります。10万ドルの借入が当初は邦貨換算で1,000万円の返済になりますが，100円から80円へと円高が進むと800万円で10万ドルが弁済できてしまいます。もちろん，10万ドルを借り入れていた期間の利息は発生しますが，この利息分が為替リスク回避のために要したコストと考えられます。世界的な低金利の状況では十分に検討の余地のある手法です。

(4) 円約款の挿入

　邦貨と外貨との為替レートの条件を取り決めておいて，決済日当日の変動に対してその為替差損分を

輸入者または輸出者が負担することを貿易取引の契約書のなかで明記する手法です。簡単にいえば、外貨建て契約で、仮に為替差損が発生したら、その差損分を支払うという方法です。

契約書の規定例（円約款）： The prices are based on the exchange rate of Japanese Yen 100 per U.S.$. In the event that, before the receipt in full by us from you of the price of the goods the rate of exchange shall be changed over 5%, Buyer shall be bound to pay to Seller the additional amount payable in U.S.$ that will result therefrom.

円約款が優れている点は、まず外貨建ての契約であることです。外国の企業は円建ての契約に拒否反応を示すことが少なくありません。外国企業が円建てで契約するということは、自分側が為替リスクを負担しなければならないというイメージを直接的に与えてしまうからだと考えられます。それに対して円約款では契約自体は外貨でおこないますので、外国企業にとって心理的ハードルは低くなります。

さらに優れている点は、為替差益を期待できる点です。円建て契約の場合は、為替差損は避けることができますが、同時に為替差益を逃すことになります。円約款では、ほとんどのケース、差損が生じたときだけに言及して、差益が出たときの処理については明記されません。実際に、外国企業としても10万ドルで契約して利益があるから契約しているので、たまたま10万ドルが為替レートの変動で日本側に差益が出たからといって、その分け前にあずかろうなどという気持ちはないはずです。

したがって、差損が出たときは補填させてリスクを帳消しにして、差益が出たときは差益分をすべて

享受するという円建て契約にはない利点があります。

ただし，円約款が決め手にならないのは，やはり為替リスクがなくなったのではなく，相手側にリスクを負わせる手法ですから，常に円約款の挿入を認めさせるということにはなりません。

同種の手法にスライド条項の挿入もありますが，こちらは代金支払い時に金額の変動があった分だけ契約金額そのものを変更して調整するという方法で，貿易取引では一般的ではありません。

(5) **為替変動保険の利用**　為替リスクに保険料を支払って回避しようということですから，利便性が高まり広く普及すれば為替リスク回避の決め手になる可能性があります。為替変動保険は日本の貿易保険法で定められた政府系の貿易保険制度のひとつで，その対象がかなり限定されています。

保険の対象は 2 年以上 15 年以内の外貨建て輸出契約で，決済日の為替相場が契約時と比較して 3% 以上円高になる場合の為替差損を保険金で補塡してもらえます。ただし円高水準が 17% で打ち切りになること，円高ではなく反対に 3% 以上円安になったときはその為替差益を政府に返納する義務があることなど，企業がこの保険制度を利用するのに躊躇せざるを得ない条件が付いています。

為替リスク回避の決め手にならない一番の理由は，プラント輸出など長期間にわたる輸出契約を想定している点です。商品などの個別の輸出契約が 2 年以上にわたることは基本的にはないので，ほとんどの

貿易取引では利用できません。

15. 貿易管理

　自由貿易を強く押し進める国であっても，政府がまったく貿易をコントロールしていない国はありません。これは，輸出入取引が私企業の活動であっても，外貨の獲得につながったり，逆に外貨の流出をともなうので，マクロ経済にも比較的ダイレクトに影響を与える可能性があるからです。この章では，輸出入取引における，とくに政府の事前承認制度についてみてみます。

1. 貿易管理とは

貿易取引のコントロール
　　輸出入承認制
　　輸出許可制
　　関税割当制

　日本は，貿易に対して「原則自由」という立場をとっていますが，やはり若干のコントロールを経済産業省が中心となっておこなっています。経済産業省では，対外取引の正常な発展，日本や国際社会の平和・安全の維持などを目的に，特定貨物の輸出入，特定国・地域からの輸入などを対象にして，輸出入承認制，輸出許可制，関税割当制などより貿易管理をおこなっています。

　これによって特定の商品や取引では，輸出入に際して許可や承認が必要なケースが出てきます。さまざまな法律が影響してきますが，主に外為法(外国為替および外国貿易法)にもとづいて，貿易取引がコントロールされています。

　輸出契約成立前に，まずは輸出貿易管理令別表1の第1項～第15項，輸出貿易管理令別表2に該当する物品なのかどうかを確認する必要があります。さらに，キャッチオール規制に該当するか否かを調べ，必要ならば輸出許可申請や輸出承認申請をおこなうことになります。

ただし，このような許可や承認に該当するケースというのは，全体としてはわずかで，一般に日本企業は自由に輸出入しています。

2. 貿易管理の目的

> **貿易管理の目的**
> 国際協調
> 国内産業保護
> 不法行為の防止

政府などが民間の国際的な取引に制限を加えるというのですから，それ相当の理由がなければなりません。貿易管理の目的を一言で表現することは難しいですが，大きくは，国際協調，国内産業保護，不法行為の防止の3つの異なる目的があると考えられます。

まず，貿易管理はしばしば安全保障貿易管理といわれるように，国際協調を目的とした施策であるケースがあります。国連による経済制裁決議の実施，大量殺りく兵器の拡散防止，テロ防止，絶滅危惧種の保護といった多数の国の関与ではじめて効果の上がる施策は，国際協調の観点から日本でも取り組む必要はあるでしょう。国際的な協調姿勢をもって相手国の市場や産業を混乱させないための施策もこれに含まれます。

貿易管理が結果として国内産業の保護になっているという指摘がしばしばされてきました。しかし，輸入割当(Import Quota)に代表されるような保護貿易的色彩の強い施策は，徐々にその範囲を狭めており，今日では極めて例外的な適用となっています。

最後に，麻薬や偽札，特許を侵害している製品などの売買自体が違法行為に当たる可能性が高い商品の貿易取引を規制するという目的でも，貿易取引が制限されています。

3. 輸出承認と輸出許可

輸出許可や承認に該当するケース
貿易管理令で特定された
・貨物（国内需給調整物資，過当競争物資，戦略物資，輸出禁制品など）
・地域（国連の制裁措置対象国向け輸出など）
・特殊貿易（委託加工貿易など）

「許可」と「承認」とでは，一般に許可のほうがより強い規制です。許可というのは，もともと禁止されている事柄を当局に特別に認めてもらうというニュアンスがあります。承認は，輸出のための政府の同意を得るという意味合いです。

さらに，「許可」と「承認」に並んで，「確認」という場合があります。これは税関などで輸出許可あるいは輸出承認を得ているかを水際で確認することを意味します。

輸出の場合は「輸出許可申請」も「輸出承認申請」もどちらも，経済産業省に申請のため出向くことになります。どちらも申請書と物品や仕向地に対応した書類が必要となり，所定の手続きのもとで，許可の可否，承認の可否が判断されることになります。

4. 輸出許可申請

経産省の「輸出許可申請」が必要なケースは次の場合です。

・輸出貿易管理令別表第1の第1項から第15項に記載されている物品や技術を輸出しようとする場合（リスト規制に該当する物資や技術）
・キャッチオール規制で，輸出に許可が必要となる場合

キャッチオール規制とは，2002年に導入された制度で，核兵器製造技術の拡散やテロ活動の拡大を阻止するために，大量破壊兵器や生物化学兵器につながる可能性のある物資や技術の日本からの輸出には，すべて経済産業大臣の許可が必要となりました。

キャッチオール規制の特徴は，法律の別表として

品目リストが存在しない点です。輸出者自らが、輸出許可が必要かどうかを判断しなければなりません。経産省が作成したガイドラインがありますので、これを参考にすることになります。この規制を免除されている輸出国が20数カ国あります。この20数カ国に輸出する場合にはキャッチオール規制の対象外となります。

5. 輸出承認

次に、経産省の輸出承認(E/L: Export Licence)が必要なケースを簡単にみてみましょう。承認が必要なのは次の場合です。

・輸出貿易管理令別表2に記載されている物品を輸出しようとする場合

具体的には次のような物資の輸出を予定している場合は、事前に経産省で輸出承認を申請しなければなりません。

① 国内需給調整物資：国内需給の確保の点から輸出数量が制限されている品目(石油、米など)

② 輸出秩序維持物資：過当競争防止のため、自主的に輸出数量または輸出価格、意匠などを制限しているもの(繊維、軽機械など)

③ 国際協定による輸出規制物資：ワシントン条約などの国際条約の規制を含め、絶滅の恐れのある動植物の輸出

④ 国際協調行動による特定国に対する輸出規制物資：(化学製品、通信機器、工作機械など)

⑤ 輸出禁制品：法律により輸出を禁じられているもの(麻薬、国宝、仕向国の工業所有権侵害物資、

偽造通貨など）

⑥ その他：以上の外，特定品目の特定地域向け輸出では，民間の輸出自主規制もおこなっています（対米向け自動車の輸出など）。

・皮革，毛皮を原料とする逆委託加工貿易

原材料を海外に輸出し海外で製品に加工してそれを輸入する取引を逆委託加工貿易といいます。原材料を加工して付加価値を付けて輸出する加工貿易の逆バージョンです。皮革と毛皮について，この逆委託加工貿易をおこなう場合は，経産省の承認が必要になります。

6. 輸入の許可と承認

輸出と同様に貿易管理令で定められたケースでは，事前に経産省の「輸入許可」「輸入承認」がなければ輸入できません。むしろ，輸出のコントロールより該当範囲が広く，厳しいともいえます。

(1) 輸入禁制品

法律により輸入を禁じられているもの（麻薬，偽造紙幣，ポルノグラフィー，特許権などの権利を侵害するもの）

2011年の関税法の改正によって，DVDやゲームソフトなどを無断でコピーする装置や衛星放送などを無断で受信できる装置の輸出入が禁止されました。これらを「技術的制限手段回避装置提供行為を組成する物品」といいます。

(2) 輸入規制品

① 国内法により輸入が規制されているもの（食品衛生法，薬事法，植物防疫法，家畜伝染病予防法な

ど関連)

② 外国為替及び外国貿易法(外為法)による規制品(中国を船積地とする絹織物など)

③ 国際協調行動による規制品(国連決議による特定国からの特定物資の輸入など)

④ 国際条約による規制品(ワシントン条約により絶滅の恐れのある動植物)

以上が,基本的には日本に輸入することができないものです。次は,事前の手続きをとれば輸入できる可能性のあるものです。

(3) 輸入承認・確認を要する貨物等

① 承認を要する貨物等
・輸入割当品目(IQ: Import Quota)
 (たらこ,海苔,昆布などの海産物など)
・特定の原産地・船積地域からの特定の貨物
 (中国,韓国を原産地・船積地域とする絹糸など,ワシントン条約などにより国際取引を規制されているもの)

② 確認を要する貨物
・事前確認品目(中国・韓国以外を原産地,船積地域とする絹糸など)
・通関時確認品目(生鮮・冷蔵の黒まぐろ,韓国・台湾からの絹織物など)

16. 貿易保険

　貿易取引に関連する保険は大きく2つあり、ひとつが輸送中の貨物の破損・毀損などをカバーするための保険で「海上保険」といいます。海上保険は、民間の損害保険会社が扱う保険です。

　もうひとつがこの章であつかう「貿易保険」で、貿易保険法にもとづいて形作られています。貿易取引において、輸出ができない、代金回収ができない、といった取引のリスクを対象に、企業が安心して貿易取引できるように政府が支援する制度です。独立採算制の国家事業のひとつで、独立行政法人日本貿易保険によって運営しています。

貿易取引に関連する保険

```
保険 ── 貿易保険 ──── 取引に対する保険
     └─ 海上保険 ──── モノに対する保険
```

貿易保険が対象とするリスク

非常危険
・為替制限／禁止、輸入制限／禁止
・戦争、内乱、革命
・支払い国に起因する外貨送金遅延
・制度的な高関税、テロ行為
・経済制裁
・収用
・自然災害、その他契約当事者の責によらない事情

信用危険
・外国政府等を相手方とする輸出契約等の一方的キャンセル（民間企業のキャンセルは対象外）
・契約相手方の破産
・破産に準ずる事由
・契約相手からの3カ月以上の不払い

貿易保険でカバーされる範囲

船積前のリスク：貨物を船積みできないことにより被る損失
船積後のリスク：貨物代金、役務対価、融資金が回収できないことにより被る損失
海外投資のリスク：合弁事業などの継続不能や事業休止により投資資産が被る損失

---

1. 貿易保険とは

　海上保険が「モノに対する保険」であるのに対して、貿易保険は「取引に対する保険」であるともいえます。

　貿易保険は取引に関する保険ですので、貨物の損害はカバーしておらず、戦争・内乱・革命、輸入規

制・禁止，天災等，輸出者輸入者がコントロールできない非常危険と，相手方の契約不履行など取引相手に起因する信用危険が対象になっています。

日本では，1950年に貿易保険制度がスタートし，通商産業省が運営してきました。2001年の中央省庁再編に伴い，独立行政法人日本貿易保険が元受業務をおこない，経済産業省が再保険を実施しています。

2. 貿易保険の種類

貿易保険	内容
貿易一般保険	輸出契約，仲介貿易契約，技術提供契約において，不可抗力による輸出不能，代金の回収不能による損失をてん補する保険
限度額設定型貿易保険	輸出契約，仲介貿易契約において，当事者に起因しない輸出不能リスク，代金の回収不能リスクによる損失をてん補する保険 特定の相手と反復継続的に一定額の契約をおこなう貿易取引に適している
中小企業輸出代金保険	輸出契約において不可抗力による船積後の代金の回収不能リスク（売掛金回収不能リスク）による損失をてん補する保険 中小企業（資本金10億円未満）の海外事業をサポートするために2005年に新設
簡易通知型包括保険	輸出契約，仲介貿易契約において，契約当事者に起因しない代金の回収不能リスクによる損失をてん補する保険 包括契約なので輸出契約1件ごとではなく，毎月の船積実績をまとめて通知することで保険関係が成立
輸出手形保険	輸出契約において，船積後の荷為替手形不渡りによる銀行の損失をてん補する保険
貿易代金貸付保険	日本からの購入資金を海外の輸入者に融資した場合に，戦争や革命，外貨交換の禁止または外貨送金の停止，テロ，自然災害といった不可抗力や，融資先の破産や債務の履行遅滞によって，貸し出した資金が償還不能となった損失をてん補する保険
前払輸入保険	代金の全部または一部を前金で支払う契約が前払輸入契約 前払いした取引のリスクをてん補する保険 輸入取引に係わる唯一の保険
海外投資保険	海外事業に投資した際のリスクをてん補する保険 新たに取得する海外資産だけでなく，保有済み資産も保険付保の対象
海外事業資金貸付保険	外国法人や外国政府に対して事業資金を貸し付けたときのリスクをてん補する保険

資料：独立行政法人　日本貿易保険「貿易取引をサポートする貿易保険のご案内」2013年4月

(1) **貿易一般保険**　　貿易保険法に規定されている普通輸出保険，輸出代金保険および仲介貿易保険をひとつにまとめたもので1992(平成4)年10月1日から実施されています。貿易保険制度の中で一番利用されている保険です。通常の輸出取引だけでなく，仲介貿易，技術供与やライセンス契約なども保険の対象としています。以下のような損害をてん補します。

① 輸出不能

契約成立後，非常危険(仕向国政府の輸入制限・禁止，戦争，革命，内乱等)あるいは船積かでの信用危険(輸出契約等の相手方の破産または相手方が外国政府等である場合に一方的契約破棄)により，船積みができなくなったことによる損害。

② 増加費用

非常危険により，航路や仕向港を変更せざるを得なくなり，結果的に運賃や保険料等が超過した場合，この超過額を負担することの経済的損失。

③ 代金回収不能

契約成立後，非常危険(船積みを行ったが相手国政府の為替取引の制限・禁止あるいは戦争，革命，内乱等)や信用危険(相手方の破産または3カ月以上の債務不履行)により，代金等や貸付金の回収ができないことによる損害

貿易一般保険には，保険の期間に応じて，個別保険と包括保険があります。

① 個別保険

取引の都度，貿易保険に入るか入らないかを考

えて個別に(独)日本貿易保険と保険契約を結ぶタイプです。

② 包括保険

包括保険は，企業別と商品別組合別があります。企業別包括保険は，企業が一定期間におこなうすべての貿易契約について自動的に貿易保険がかかるタイプです。商品別組合別包括保険は政府と輸出組合等が一定期間の契約を結ぶもので，その組合員が契約した特定の商品については自動的に貿易保険が掛かるというタイプです。

(2) その他の貿易保険

① 限度額設定型貿易保険

指定した相手先企業との輸出契約や仲介貿易契約で，非常危険と信用危険により，輸出ができなくなったり，代金回収ができなくなったりする場合の損害をてん補する保険です。特徴的なのは，相手先企業毎に「保険金支払限度額」を設定することと，当該企業との１年間の対象取引すべてに自動的に保険が掛かるという点です。したがって，特定の相手と反復継続的に一定額の契約をおこなう貿易取引に適している貿易保険です。

② 中小企業輸出代金保険

資本金10億円未満の企業を対象にした貿易保険で，輸出契約で船積後に不可抗力と信用危険によって輸出代金が回収できない場合の損失とてん補する保険です。特徴的なのは，保険申込みから保険金請求までの業務を，契約者である中小企業の負担を減らすように考えられている点と，対象

企業の資本金規模が限定されている点です。

③ 簡易通知型包括保険

　個々の輸出契約や仲介貿易契約で貿易保険契約をおこなうのでなく，継続的に保険をかけた状態にするための包括型貿易保険の一種です。契約毎ではなく毎月の船積実績をまとめて報告することで保険関係が成立します。特徴的なのは，保険期間が終期を定めないオープンエンドであること（1年ごとの条件の更新が必要），保険金支払限度額を設定できるので相手企業の与信管理ができることです。したがって，複数の相手先と継続的・反復的に契約をおこなう取引に適した貿易保険です。

④ 輸出手形保険

　輸出手形保険は，銀行等が荷為替手形を買い取った際に，その手形が不渡りになる不安を取り除くための保険です。輸出代金の回収のために振り出された荷為替手形を対象とし，非常危険または信用危険により，当該手形が満期に決済されない際の買取銀行が受ける損失をてん補します。

⑤ 貿易代金貸付保険

　輸出相手に貸付けた輸出代金・仲介貿易代金の回収が，非常危険・信用危険により，不能になることによる損失を填補する保険です。

⑥ 前払輸入保険

　貿易保険のなかで唯一，輸入取引を対象にした保険です。輸入契約で，輸入貨物代金の全部または一部を船積みする前に輸出者に支払うことを条件とすることがあります。このような契約条件で

は，輸出者が資金繰り悪化や破産等で生産ができなくなり，輸出ができなくなったときに，輸入者が前払いした輸入代金を返還請求しても返還されない危険があります。そのような場合の輸入者の損失をてん補する保険です。

⑦ 海外投資保険

日本企業による海外投資が，投資国先政府による収用・権利侵害，戦争や天災による破壊などの非常危険によって配当金や償還金の送金ができなくなった場合のリスクをてん補する保険です。保険の対象となるのは，海外既存企業や合弁会社，100％子会社等への出資や融資，海外で事業をするために購入した不動産や鉱業権，直接持ち込んだ設備等の権利，海外の合弁会社や子会社の借金に対する長期借入金の保証債務などです。保険期間は最低3年以上，最長15年以内の範囲で設定でき，すでに保有している資産についても付保できます。

⑧ 海外事業資金貸付保険

日本企業による外国法人・外国政府に貸し付けた事業資金が，相手国政府による為替取引の制限や禁止，戦争や内乱，革命などの非常危険・信用危険により，貸付金元本・利子が償還できなくなった場合のリスクをてん補する保険です。

3. 貿易保険の民営化

政府は，2005年に規制緩和策の一環として民間保険会社の貿易保険引受業務参入を正式に認めました。これまで日本の貿易保険を担ってきた独立行政

法人・日本貿易保険も，民間でできることは民間に委ねるの観点から，民間保険会社による参入の円滑化のための環境整備に努めることという方針を打ち出しています。今後，民間保険会社の貿易保険参入が進む可能性があります。

4. 貿易保険の海外商社名簿

貿易保険は取引に対する保険ですから，海上保険が貨物を評価して保険契約を結ぶのと同様に，取引企業に対する評価が必要になってきます。貿易保険は日本からの輸出契約や仲介貿易契約を主に対象としていますので，取引企業である海外の輸入者・バイヤーが評価対象になります。

貿易保険の引受側である(独)日本貿易保険は，このバイヤーごとに形態および信用状態の評価について格付けをして，国別，アルファベット順に番号を付けて掲載しており，これを海外商社名簿といいます。貿易保険を利用する場合は，原則として取引相手がこの海外商社名簿に登録されていなければなりません。すでに登録されているバイヤーも定期的に信用調査を行い，格付の見直しがおこなわれます。

商社名簿と称しますが，この名簿には，商社・貿易会社だけでなく，製造業者，銀行，公社公団など公的バイヤーも含まれています。

17. 海上保険

　海上輸送は，さまざまな危険にさらされます。また，海上輸送に接続する陸上輸送部分や倉庫での荷さばき・保管中に損害が生じる場合もあります。本来は，貨物の運送を委託されている以上は，その間の損害は運送人（船会社や航空会社）によっててん補されるべきだといえますが，運送人は自己に責任のない限り損害を賠償しません。実は，運送人側に責任のある場合でも，運送契約上の賠償責任限度があるために，損害を十分にカバーできないのが実情です。海上保険は，これらの損害をカバーすることで荷主を保護し，円滑な貿易取引を進める役割を果たしています。

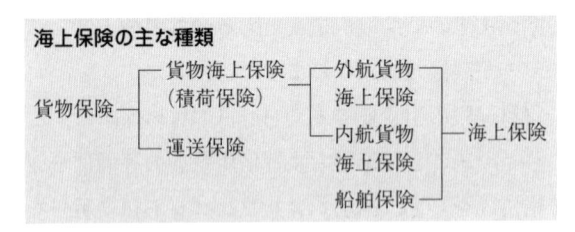

海上保険の主な種類

```
貨物保険 ─┬─ 貨物海上保険 ─┬─ 外航貨物
　　　　　│　（積荷保険）　│　海上保険
　　　　　│　　　　　　　　├─ 内航貨物    ─ 海上保険
　　　　　│　　　　　　　　│　海上保険
　　　　　└─ 運送保険
　　　　　　　　　　　　　　　船舶保険
```

1. 海上保険の手配

　輸送中の貨物の危険を，輸出者あるいは輸入者のどちらが負担するのか，ということと，その危険に対する海上保険を，輸出者あるいは輸入者のどちらが手配するのかという問題があります。貿易取引では，かならずしもリスクを負担する側が保険を手配するということにはなっていません。

　どちらが海上保険を手配しなければならないのか，どちらがどこまでの貨物に関する危険負担をしているのかについては，一般にインコタームズの定めにしたがって解釈されます。

　輸出貨物に関するリスク負担は，FOB，CFR，CIF の伝統的で代表的なトレードタームズではす

海上保険の手配とトレードタームズ

	危険負担の移転ポイント	海上保険の手配	本船の手配
FOB	輸出本船積込み時点	輸入者	輸入者
CFR	輸出本船積込み時点	輸入者	輸出者
CIF	輸出本船積込み時点	輸出者	輸出者
FCR	輸出地・運送人引渡時点	輸入者	輸入者
CPT	輸出地・運送人引渡時点	輸入者	輸出者
CIP	輸出地・運送人引渡時点	輸出者	輸出者

べて輸出港の本船に積み込んだ時点で，輸出者から輸入者に移転します。同様に，コンテナ輸送や航空輸送で使うべきトレードタームズのFCA，CPT，CIPでは，すべて輸出地の船会社や航空会社などの輸送人に貨物を引き渡した時点で，輸出者から輸入者に貨物のリスク負担は移転します。

保険会社の責任の終始を示す保険期間は，他の損害保険のように期間でなく，A地点からB地点までといった地理的な範囲で示されます。一般的には，「貨物が，保険証券記載の輸出地の倉庫，その他の保管場所から搬出された時に開始し，証券記載の仕向地にある最終倉庫，その他の保管場所に搬入された時に終了する」ことになっています。ただし，本船から荷卸し完了した日から起算して60日を経過すると保険期間は終了します。航空機輸送品の場合は30日で終了します。

また，海上保険の対象とする危険は3種類に分けることができ，それぞれ「海上危険」「ストライキ危険」「戦争危険」です。このうち，戦争危険だけはその保険範囲が，海上危険やストライキ危険と異なり，海上輸送部分に限定されます。戦争危険には，戦争，内乱，革命，謀反，反乱もしくはこれらから生じる

国内闘争に起因する損害が含まれます。

CIF 契約の場合の海上保険

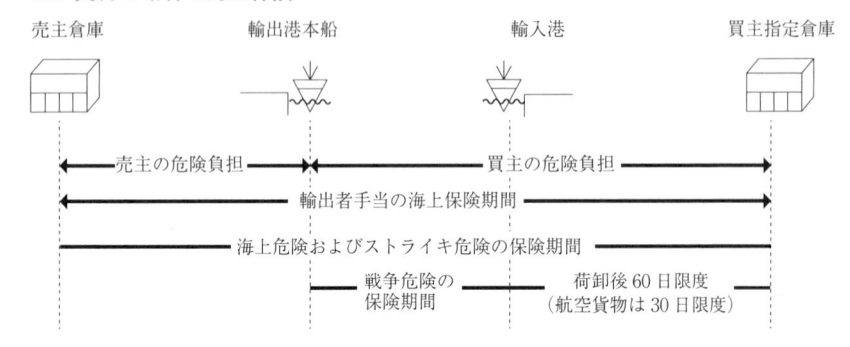

売主倉庫　　　　輸出港本船　　　　輸入港　　　　買主指定倉庫

←―――売主の危険負担―――►◄―――――買主の危険負担―――――→

←――――――輸出者手当の海上保険期間――――――→

←―――海上危険およびストライキ危険の保険期間―――→

　　　　　　　　　戦争危険の　　　　荷卸後60日限度
　　　　　　　　　保険期間　　　　　（航空貨物は30日限度）

FOB・CFR 契約の場合の海上保険

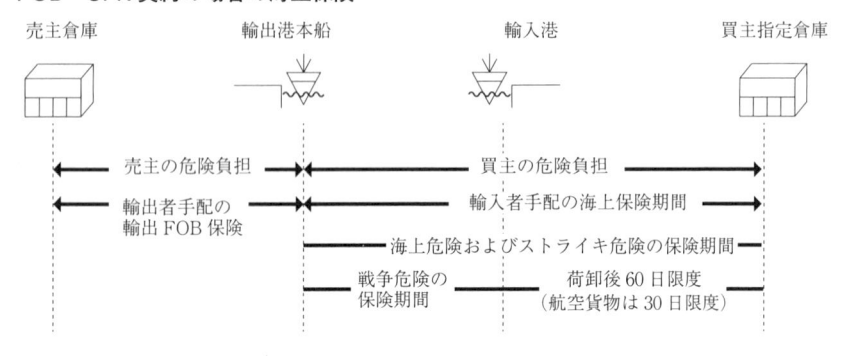

売主倉庫　　　　輸出港本船　　　　輸入港　　　　買主指定倉庫

←―売主の危険負担―►◄―――――買主の危険負担―――――→

←―輸出者手配の　　　　　　輸入者手配の海上保険期間――→
　　輸出 FOB 保険

　　　　　　　　　海上危険およびストライキ危険の保険期間

　　　　　　　　　戦争危険の　　　　荷卸後60日限度
　　　　　　　　　保険期間　　　　　（航空貨物は30日限度）

2. 保険条件

　海上保険の補償内容が保険条件によって異なるのは，生命保険や自動車保険など他の保険契約と同じです。貿易取引では，協会貨物約款(ICC: Institute Cargo Clauses)の保険条件が実質的な標準約款として広く使われています。ICC には，3つの基本保険条件があり，それぞれ ICC(A)，ICC(B)，ICC(C)と呼ばれます。これらの基本条件は，従来，それぞれ All Risks(全危険担保条件)，WA(With Av-

海上保険の対象となる危険の種類

危険の具体例	基本条件		
	ICC(A)	ICC(B)	ICC(C)
火災・爆発	○	○	○
沈没・座礁	○	○	○
トラックの転覆・脱線	○	○	○
トラックの衝突	○	○	○
落下による梱包1個ごとの全損	○	○	×
浸水	○	○	×
地震・噴火・雷	○	○	×
雨濡れ	○	×	×
破損・まがり・へこみ,擦損・かぎ損	○	×	×
盗難・抜荷・不着	○	×	×
外的な要因の漏出・不足	○	×	×
共同海損・救助料,投荷	○	○	○
波ざらい	○	×	×

○:保険支払い対象　×:保険支払い対象外

資料)三井住友海上「外航貨物海上保険」2011年改訂資料より

erage:分損担保条件), FPA(Free from Particular Average:分損不担保条件)と呼ばれていた条件に対応しています。

　ICC(A)がもっとも補償範囲の広い基本条件で, 付加価値の高い工業製品などに掛けられます。逆に, ICC(C)は補償範囲が狭く, 原材料など単価の安い貨物に対して掛けられることが多い保険条件です。

　共同海損(General Average)とは, 危険にさらされた財産を保全するために, 故意かつ合理的に異常な犠牲が払われたり, 異常な費用が支出された場合に, その損害または費用を, 利害関係者全体で分担する制度です。この場合の分担額は, 船舶と貨物の到着地における価額に応じて決定されます。共同海

損にかかわる費用および損害は，海上保険により補償されます。

3. 保険料率と保険金額

保険金額と保険料
保険金額 = CIF 価額 × 110%
保険料 = 保険金額 × 保険料率

保険料率は，原則として保険会社が自由に設定して良いことになっていますが，企業間競争が激しいために，同じ条件ならばその料率にほとんど差はみられません。次のような条件を考慮して，保険料率が決まっているといえます。

・海上保険の基本条件
・貨物の種類と状態
・積載船舶の状態
・仕出港・仕向港の港湾荷役設備状況
・相手国の政治，社会，治安情勢
・航海距離と航海日数
・契約者の過去の保険実績

保険金額は一般に CIF 価額(船積み原価 + 保険料 + 運賃)に 10％を加えた金額で設定されます。この保険金額が保険料算出の基準となり，通常，保険金額に対して何パーセントの保険料率を適用するかによって保険料が算出されます。

18. 国際輸送

　企業のグローバルな事業展開が進展するにつれて，国内の生産拠点からの輸出のほか，部品や半製品の国際調達や海外の自社工場から世界各地へと多角的にモノを動かすようになっています。また，コンテナ輸送，航空輸送など，輸送手段の選択肢も増えています。この章では，コンテナ輸送や複合一貫輸送といった現時点での国際輸送の課題にしぼって検討していきます。

1. 輸送の手配

国際輸送の手配とトレードタームズ

	輸送の手配
FOB / FCA	輸入者
CFR / CPT	輸出者
CIF / CIP	輸出者

　貿易取引の国際輸送を担う船会社や航空会社などの運送人に，輸出者あるいは輸入者のいずれかが手配をしなければなりませんが，どちらが手配をおこなうのでしょうか。契約毎に輸出者と輸入者で輸送の手配の交渉をすることはなく，FOB/FCA や CIF/CIP などトレードタームズによって自動的に輸送の手配がどちらの業務になるか決まります。

　というのも，トレードタームズは輸出者と輸入者で取引にかかわる一切の費用負担をコントロールしているので，貨物の輸送に関する費用の負担についてもトレードタームズで決まります。費用負担者がオプションをもつという原則がここでも当てはまるので，トレードタームズで決まる輸送費用の負担者が自動的に輸送の手配をすることになります。

　具体的には，FOB/FCA など輸出者の費用負担が輸出地点で終了するトレードタームズでは輸入者が国際輸送部分の費用を負担しているので，輸送の手配も輸入者がおこなうことになります。CIF/CIP や CFR/CPT など輸入地点までの輸送費用を輸出者が負担するトレードタームズでは，輸送の手

配も輸出者がおこないます。

　ただし，現実にはFOB/FCA契約の場合でも，輸出者が輸送の手配をすることが少なくありません。というのは，たとえば工場から輸出通関手続きのために貨物をトラックで保税地域に搬入させ，通関が完了する頃合いを見計らって一番早い出航予定の本船に積み込むといった一連の作業を，遠く離れた輸入地からリモートコントロールすることが極めて難しいからです。しかしあくまで輸入者側にオプションのある業務を輸出者が代行するということなので，輸入者の依頼に応じて進める必要があります。

2. 傭船輸送と個品輸送

　輸送する貨物の量によって，本船一隻を借り切って輸送する場合と，多数の荷主から集荷した貨物を一隻の本船に混載する場合があります。

　原材料のように単価の安い商品は，一度に大量の取引になりますので，しばしば不定期船を借り切って輸送することがありますが，このような輸送を傭船輸送といいます。

　荷主と船会社が本船を借り切る傭船契約(Charter Party)には，次の2種類の契約の仕方があります。

① 期間傭船

　一定期間，本船を借り切る契約を期間傭船(Time Charter)といいます。契約で定めた期間内は自由に航行できますので，穀物など原材料の輸出入の輸送だけでなく，船腹の逼迫している船会社が余裕のある船会社から比較的長期間，本船を借りて運航するようなケースでも使われます。

② 航路傭船

　　荷主と船会社で船積港と荷卸港，その航路を決める傭船契約を航路傭船(Voyage Charter / Trip Charter)といいます。仕向港までの航路回数についても，荷主と船会社で協議をして決めることができます。

　　工業製品のように比較的単価の高い商品の多くは個品輸送となり，一定の航路を定期的に運航している定期船(Liner)に他社の貨物と混載されて輸送されます。傭船契約と異なり，スケジュールで運航する本船の船倉の一部を借りることになるので，事前に船腹の予約(Booking Ship's Space)を入れる必要があります。船腹予約自体は容易ですが，予約の際に貨物の正確な重量と容積を船会社に伝える必要があります。

　　なぜできるだけ正確な貨物の大きさを伝える必要があるかといいますと，仮に予約のスペースよりも実際に積み込む貨物が大きい場合は積み残しとなる可能性があります。逆に，予約よりも実際の貨物が小さい場合は，予約した船腹との差分をペナルティとして請求されることがあるからです。これを不積運賃(Dead Freight)といいます。

3. コンテナ輸送

　　貿易取引で一般貨物を輸送する貨物船はかなりコンテナ化が進んでいます。今日では，在来型の貨物船で運べる貨物のほとんどは，コンテナ船で世界中どこにも輸送することができます。

　　コンテナ輸送とは，コンテナ(Container)と呼ば

れる鋼鉄製の容器に貨物を詰めて，この国際標準規格のコンテナを複数台まとめて本船に積み込んで輸送する形態です。

　国際輸送で広く使われているコンテナには大きさが2種類あり，小さいコンテナを20フィート・コンテナ，大きいコンテナを40フィート・コンテナといいます。間口の縦横が約2.3メートル，長さは20フィート・コンテナは約6メートル，40フィート・コンテナは12メートルもあります。積載容積はそれぞれ33立方メートルと67立方メートルとかなり大型です。

　そのため，コンテナ1本を借り切る場合と，運送人に貨物輸送を委託してコンテナに混載してもらう場合があります。コンテナ1本を満たした貨物をFCL(Full Container Load)といい，コンテナ1本に満たない貨物をLCL(Less than Container Load)といいます。

① **FCL(Full Container Load)**

　荷主が1個単位でコンテナを占有する場合で，コンテナ本体を借り出して荷主自らの手で貨物をコンテナ詰めする場合と，倉庫でコンテナ詰めしてCY(Container Yard：コンテナ・ヤード)に搬入する場合があります。輸入地では，船会社が輸入者にコンテナごとCYで引き渡します。

② **LCL(Less than Container Load)**

　コンテナ1本に満たない量の小口貨物は，CFS(Container Freight Station：コンテナ・フレイト・ステーション)で運送人に渡され，運送人の責任で

他の貨物と混載でコンテナ詰めされます。輸入地でも同様にCFSでコンテナから貨物が取り出され,輸入者に貨物のみ引き渡されます。

海上輸送の運賃は,一般に重量を基準とするか,あるいは容積を基準とするかのいずれかで算定されます。重量か容積か,どちらの基準を採るかは船会社など運送人がオプションをもっています。通常,検量人(Sworn Measurer)によって積み込み前に測定され証明された重量トン(Weight Ton: W/T)と容積トン(Measurement Ton: M/T)のデータをもとに,トン数の大きい方が運賃請求のベースとなります。このような取り決めをW/M方式(Weight or Measurement at Ship's Option)といいます。

コンテナ輸送の場合は,これとは別に,ボックスレート(Box Rate)という運賃計算方法があります。これは,コンテナに詰め込まれる貨物の量に関係なく,決められたコンテナ1本当たりの運賃になるというものです。ボックスレート適用の場合,コンテナに詰め込めるだけの貨物を入れることができますが,国際輸送では問題がなくとも,総重量が道路交通法の制限を超えてしまい,国内外の陸送ができなくなる可能性があります。

4. 国際複合一貫輸送

海上輸送,航空輸送,陸上輸送を組み合わせた輸送形態を複合輸送あるいは複合運送(Combined Transportation)といいます。古くから複合輸送のアイデアはありましたが,普及するためには2つの

契機がありました。

ひとつはコンテナ輸送の普及です。コンテナ輸送もかなり昔からあるアイデアですが、貿易取引で普及するためにはコンテナの規格化と同時に、世界の主要な港の港湾施設のコンテナ対応が必要でした。

もうひとつ重要な契機は、荷主は複数の輸送手段と個別に輸送契約をおこなわず、複合運送人(Multimodal Transport Operator)が一元的責任で貨物の受取から仕向地までの輸送を引き受けることができるようになったことです。このような意味で、複合輸送と複合一貫輸送には貿易取引にとって大きな違いがあります。

国際複合一貫輸送を行う複合運送人は、船会社の場合とNVOCC(Non-Vessel Operating Common Carrier)の場合があります。NVOCCとは船会社と異なり自社では船舶を運航しない運送人のことです。NVOCCは船会社ではありませんが、船荷証券や海上運送状を発行します。海陸(Sea and Land)の場合は、複合運送人は船会社とNVOCCのどちらのケースもありますが、海空(Sea and Air)の国際複合一貫輸送は、主にNVOCCがおこなっています。

(1) **複合一貫輸送ルート**　代表的な国際複合一貫輸送のルートには、NALB, MLB, SLBなどがあります。

① **NALB: North America Land Bridge**

北米ランドブリッジと呼ばれるルートで、日本から欧州までの貨物輸送のルートとして定着しています。通常、欧州までの海上輸送は、東シナ海,

インド洋，スエズ運河，地中海，大西洋を結ぶ西回りルートになりますが，NALBは逆の東回りルートです。日本の港から太平洋をアメリカ西海岸まで海上輸送し，そこからアメリカ東海岸もしくはメキシコ湾岸まで鉄道かトレーラーで陸上輸送をおこない，そこから欧州まで大西洋を海上輸送するルートです。ちょうど，北米大陸を「橋」のようにまたぐルートなのでランドブリッジといわれます。

北米の陸上輸送部分でカナダ鉄道を利用するカナダ・ランドブリッジ(Canadian Land Bridge)というルートもあります。

② **MLB: Mini Land Bridge**

欧州向け貨物の輸送がNALBであるのに対して，MLBミニ・ランドブリッジと呼ばれるルートは，アメリカ東海岸地区のターミナルまで陸上輸送されるルートです。日本からアメリカ西海岸まで海上輸送し，そこからアメリカ東海岸もしくはメキシコ湾岸まで陸上輸送をおこなって目的地に到着するルートです。このように複合一貫輸送で最終目的地が内陸都市である場合は，とくにIPI(Interior Point Intermodal：インテリア・ポイント・インターモーダル)と呼ばれることがあります。

③ **SLB: Siberian Land Bridge**

シベリア・ランド・ブリッジは，シベリア鉄道を利用した日本から欧州や中近東への複合一貫輸送ルートです。日本から海路でナホトカまたはボストチヌイまで向かい，そこからシベリア鉄道で

欧州各地までトラック輸送を交えて輸送します。紛争状態にある中近東地域に危険の高い海上ルートでなく，ロシアから入る陸路として活用されたこともあります。

19. 通　　関

　輸出・輸入しようとするあらゆる物品は，税関に申告して許可を受けなければなりません。通関(Customs Clearance)とは，物品を税関に申告をした後，申告受理を受けて物品を国内外に移動させる一連の手続きをいいます。この章では，通関の手続業務の解説ではなく，通関業者に代行させている現状をもとに説明していきます。また，輸出通関については2011年10月に関税法が改正され，通関手続きの方法が大きく変わりました。

1. 通関の概要

通関の目的
貿易取引の管理
貿易統計の作成
関税の徴収

　通関の主な目的は，①密輸などの貿易取引の管理，②貿易統計の作成，③関税の徴収です。通関をおこなう税関(Customs)は財務省の所轄下にあり，現在，函館税関，東京税関，横浜税関，名古屋税関，大阪税関，神戸税関，門司税関，長崎税関の8税関と沖縄地区税関が設置されています。これら8税関と沖縄地区税関が，全国にある貿易港(Open Port)をエリア的に分担して業務をおこなっています。

　通関手続は，輸出，輸入の場合とも，貨物を原則として保税地域に運び入れた後に申告の手続きをおこなうことになっていましたが，関税法の改正で輸出通関については保税地域に搬入しないで輸出申告することになりました。つまり，保税地域搬入原則が廃止され，保税地域に搬入する以前に，輸出者の工場や倉庫で輸出申告をするように変更されました。ただし，輸出許可を受けるための輸出通関手続きは，従来通り，原則として輸出貨物を保税地域への搬入後におこなわれます。

　また，コンプライアンスの優れた業者として税関

長の承認を受けた特定輸出者（Authorized Exporter）は従来通り，保税地域に搬入せずに輸出申告から輸出許可まで受けることができます。2011年の改正では，特定輸出者だけでなく特定委託輸出者に対しても同様の措置が認められました。特定委託輸出者とは，認定通関業者に輸出通関を依頼した輸出者を指しますので，対象となる企業は大幅に増えました。

併せて，認定製造業者と特定製造貨物輸出者の輸出通関も，同様の措置が認められ，保税地域に搬入せずに輸出許可を得ることができます。認定製造業者と特定製造貨物輸出者とは，特定輸出者と同様にコンプライアンスが優れた業者として税関長から承認を受けた業者のことです。このように，輸出許可を受けるために保税地域に搬入する必要がない業者であっても，輸出許可後に輸送する場合は，AEO運送業者（特定保税運送者）に委託する必要があります。

輸出申告（E/D: Export Declaration）に必要な書類には輸出申告書，商業送り状，梱包明細書などがあります。貨物によっては，法令の規定により必要な書類（輸出許可・承認書，関税の軽減・免除・払い戻しに関連する書類，内国消費税の免税を受ける貨物については輸出を証明する申請書）が必要な場合もあります。これらの書類の審査と，必要に応じて現品検査がおこなわれ，問題がなければ輸出許可書が交付されます。貨物の積み込みは船会社や航空会社にそれらを渡した後におこなわれます。

輸入申告に必要な書類には，輸入申告書，商業送

り状，梱包明細書，原産地証明書などがありますが，輸入申告書以外は輸入者が作成する書類はほとんどありません。輸入貨物には関税や消費税が課税されるので，輸入申告に併せて納税申告もおこないます。税関は，輸入(納税)申告があると，書類の審査および必要な検査をおこない，原則として輸入者が関税などの税金を納付したことを確認した後に輸入を許可し，輸入許可書が交付されます。

　輸入に際して関税関係法令以外の法令の許可・承認等を要する貨物である場合には，税関の輸入許可を受ける前に，これら許可・承認等を受けておく必要があります。

　輸入許可書が交付されれば，保税地域から搬出し輸送することができるようになります。つまり保税区域で外国輸入品(外貨：外国貨物)から国内商品(内貨：内国貨物)に切り替わります。

2. 通関業者による代行

　輸出入申告手続など一連の通関手続きは，本来は，輸出入業者本人が，申告にかかわる貨物を搬入する保税地域の所在地を所轄する税関に対しておこないますが，多くの場合，輸出入者からの委任を受けた乙仲(Fowardering Agent)とよばれる通関業者が代理申告をしています。

　乙仲という呼び方は，戦前にあった海運組合法の乙種海運仲立業にもとづく名称です。この法律はすでにありませんが，呼称だけが現在も慣習として残っています。

　通関業務は関連する法律や規制が多く，かなり専

門的に細かな業務となります。そのため，メーカーだけでなく貿易会社である商社なども，通関業務を乙仲にアウトソーシングしているケースが多いのが実情です。これは，ちょうど一般企業が税務関係の業務を税理士事務所に依頼しているのと同じような判断であるといえます。

3. 保税地域

保税地域
　指定保税地域
　保税蔵置所
　保税工場
　保税展示場
　総合保税地域
　保税倉庫

「保税」とは税を留保した状態を意味する言葉です。つまり保税地域(Bonded Area)とは関税や消費税などを掛けない状態で貨物を留め置くことができる輸出入許可を受ける前の場所のこととなります。保税地域はその用途の違いによって6つに分類されています。

① **指定保税地域**

外国貨物の積み卸し，運搬，蔵置のほか，税関長に届け出れば内容の貨物の点検，改装，仕分けなどもできます。ただし，1カ月以内の短期間の蔵置しか原則として認められていませんので，主に輸出貨物で使われる保税地域です。

② **保税蔵置所**

保税状態で3カ月間，承認を受ければ2年間まで蔵置できる保税地域です。輸入貨物を保税のまま蔵置し，時期をみて関税を支払って輸入手続きするような場合に使われます。輸入企業の物流センターや倉庫が保税蔵置所になっていることがしばしばあります。

③ **保税工場**

輸入原材料を保税の状態で生産加工できる工場

です。部品や原材料を輸入品に切り替えているメーカーでは，自社工場を保税工場とするケースが増えています。なお，保税工場とするためには税関長に承認が必要です。保税での蔵置期間は原則として2年ですが，必要に応じて延長も可能です。

④ 保税展示場

販売目的ではない物品を輸入展示する場所が保税展示場です。関税や消費税を掛けずに外国貨物のまま積み卸し，手入れ，蔵置ができます。国際見本市や国際博覧会は通常，保税展示場として許可をとって開催されます。

⑤ 総合保税地域

いくつかの保税機能を併せもった地域で，申請に基づいて税関長が許可を与えた保税地域です。

⑥ 保税倉庫

公共倉庫ではなく民間営業倉庫で税関より指定を受け，保税倉庫となっているところです。

4. 通関手続の迅速化・簡便化

輸出入貨物の増大にともなって通関手続きが円滑な貿易取引のボトルネックになる懸念が生じてきました。そこで，いくつかの施策が，通関手続きの迅速化と簡便化を目的として実施あるいは実施予定となっています。

① 簡易申告制度

継続的に輸入している特定の貨物について，輸入申告と納税申告を分離し，先に貨物の引取申告を行い，その後納税申告することができる制度です。この制度を利用するためには，輸入者は税関

長の承認を受ける必要があります。

② **予備審査制**

貨物が到着する前に「予備申告書」を税関に提出して，事前に書類審査を受けることができる制度です。貨物が保税地域に搬入された後に本申告（輸入申告）の意思表示をすれば輸入が許可されます。生鮮食料品，JIT（Just in Time）で納期の厳しい部品，季節的イベントの商品など，国内搬入を急ぐ商品で使われます。

輸出に関しては保税地域搬入原則が廃止されたために，予備審査の必要性が消滅しましたので，制度も廃止されました。同様の理由で，コンテナに積んだ状態で輸出申告をおこなう「コンテナ扱い」も廃止されました。

③ **貨物到着即時輸入許可制度**

輸入予備申告がおこなわれた貨物で，書類審査の結果「検査不要」となった貨物については，貨物の到着後の本申告（輸入申告）だけで，保税地域に搬入することなく直ちに輸入許可となる制度です。

④ **通関情報処理システム**

通関業務の手続きの合理化，迅速化，簡素化のために，通関のEDI化を進めてきました。NACCS（Nippon Automated Cargo Clearance System）と呼ばれている情報システムで，独立行政法人通関情報処理センターによって運営されています。通関情報処理センターのホストコンピュータと税関，通関業者，船会社，航空会社，利用事業者の端末をつなぎ，通関業務，保税業務をオンライン

でおこなうためのシステムです。

5. 関　税

輸入される商品には，国内の産業保護や国庫収入確保のために，例外なく関税が課せられます。関税を支払わずに輸入されている商品は，関税が免除されているだけで，0％の関税が掛かっているともいえます。日本には輸出関税がないので，輸出される商品には関税が掛かりません。

関税には算定方法の違いで，従価税と従量税に分けられます。日本に輸入されるほとんどの商品は，価格に対して関税額が決まる従価税です。従量税は貨物の重量や数量に対して掛けられるものです。対象となる商品は，砂糖，ビール，石油など限られた品目です。

従価税の課税額の計算基準となる輸入価格は，実際の契約条件とは関係なくすべて日本円で換算したCIF価格になります。CIF価格に関税率を掛けた金額が課税額になります。

関税率は商品の種類や原産国がどこの国であるかで変わってきます。日本関税協会が発行する実行関税率表(タリフ)で関税率を確認することができます。

6. 関税率の種類

日本の関税率制度
基本税率
暫定税率
協定税率
特恵税率
LDC 特恵税率

関税率はその商品の種類と原産国(Country of Origin)によって異なります。ベースとなる基本税率の他に，暫定税率，協定税率，特恵税率があります。課税される商品に適用可能なもっとも低い税率で関税額が決定します。

基本税率は，政府が定めた当該商品に対する基本

的な税率です。特別な事情がない限り，税率を長期間変更せずに適用します。暫定税率は，日本をとりまく貿易環境の変化や外国政府からの要請を受けて一時的に適用させる税率のことです。一般特恵税率とは，開発途上国を原産地とする輸入貨物に対して適用される税率で，基本税率，暫定税率があればその税率よりも低い税率になっています。LDC特恵税率は，国連でいうところの後発開発途上国（LDC）を原産地とする輸入貨物に対して適用される税率のことです。現在は，すべてLDCからの輸入商品は無税となっています。

　WTO協定税率とは，WTO加盟国を原産地とする輸入貨物に対して，WTOで協定した以上の関税を課さないことを約束している税率を意味します。

20. 船積書類

　船積書類(Shipping Documents)とは，輸出貨物を船積託送したことにもとづいて作成される書類のことで，輸出者が輸入者に引渡義務を負っている書類の総称です。信用状統一規則では「書類」(Documents)，取立統一規則では「商業書類」(Commercial Documents)と規定されているものが船積書類に相当します。

　積荷を象徴化させ代表した書類で，物品の売買と受渡しを処理するために必要であるだけでなく，輸出者が輸出代金回収のために船積み後振り出す為替手形の担保物として，重要な意味をもちます。

1. 船積書類の中核的書類

船積書類の中核書類
船荷証券
商業送り状
海上保険証券(保険承認状)

　個々の取引における船積書類を構成する書類の種類や記載内容などは，取引により異なってきます。船積書類を構成する中核的書類は，船荷証券(B/L)，商業送り状(Commercial Invoice)，海上保険証券(Insurance Policy)または保険承認状(Insurance Certificate)の3種類です。

商業送り状の機能
出荷案内書
売買代金請求書
通関申告書類

　商業送り状は，輸出者が輸入者宛てに売買契約を正当に履行したことを証明するために作成し，正式に署名をおこなった商業書類です。運送貨物の内容を示す出荷案内書であり，かつ売買代金請求書を兼ねた重要な書類です。

商業送り状の使途先
輸入者向け：代金請求書
税関向け：輸出入通関用インボイス，課税上の仕入書
銀行向け：荷為替手形買取用の補足書類

　商業送り状はいくつかの用途があり，本来は，使途別に作成されるべき書類ですが，記載内容がほとんど同一ですので，通常は同じ記載内容の商業送り状で日付を変えて使われます。

　海上保険証券は，CIF契約やCIP契約など，輸出者側で海上保険契約の締結が義務づけられている

契約では，輸入者にその事実を証明するために船積書類に加わります。ですからFOB契約やFCA契約のように，輸出者側に海上保険契約締結の義務がない場合には船積書類には含まれません。含まれないというよりも，FOBやFCA契約では輸入者側が海上保険契約を締結するので，それに伴う保険証券も輸入者に対して発行されます。ですから，輸出者がこれを船積書類に含めることは不可能です。

　保険証券に代わって，保険承認状が船積書類となることがあります。輸出者が包括予定保険に加入している場合は，一定期間の保険契約対象すべての貨物に自動的に海上保険が掛かります。一定期間内で保険会社から発行される保険証券は1枚ですので，個別の取引にこの保険証券を差し出すことはできません。その場合，保険会社に依頼して，当該貨物が包括予定保険の対象になっていることを証明する書類を発行してもらうことになります。これが保険承認書です。

　記載されている内容は，海上保険証券も保険承認書もほとんど同じですが，法的な解釈では保険証券が権利証券であるのに対して，保険承認書は単なる商業書類に過ぎません。したがって同一に扱うわけにはいかないので，契約書その他では保険証券と保険承認状が連記されることになります。

　このようにFOB，FCA契約などの場合は，船荷証券と商業送り状の2点が中核書類となりますが，CIF，CIP契約などの場合は，船荷証券，商業送り状，海上保険証券もしくは承認状の3点が中核書類

となります。

2. 船積書類の補足書類

これら中核的書類の他に下記のような補足書類が必要に応じて船積書類に加わります。

・包装明細書(Packing List)
・容積重量証明書(Certificate and List of Measurement and / or Weight)
・原産地証明書(Certificate of Origin)
・税関送り状(Customs Invoice)
・領事送り状(Consular Invoice)
・一般特恵制度原産地証明書(Certificate of Origin for Generalised System of Preference)
・検査証明書(Certificate of Inspection)
・健康証明書(Certificate of Health)
・分析証明書(Certificate of Analysis)
・植物防疫証明書(Certificate of Phytosanitary)

このなかで，貿易取引では頻繁に船積書類に含まれるいくつかの書類について簡単にみてみましょう。

包装明細書は，運送貨物の個数，重量と包装方法などを明示した包装内容の証明書です。ほとんどの場合，通関書類のひとつとなります。輸出入通関の貨物検査が全量検査でない現実を考えると，包装明細書なしには特定の貨物だけをチェックするという仕事ができなくなります。個数と重量，場合によっては容積なども記載されていますので，運送会社への船腹(Ship's Space)の申込，運賃交渉の資料としても用いられます。

原産地証明書は，輸入通関手続上，必要な書類で

す。輸入貨物の原産地によって関税率が異なる国が多いのですが，もしも原産地証明書が添付されていなければ関税を徴収する根拠書類がないと判断されるからです。したがって輸入者の要求のあった場合には，輸入者の勘定と危険において，輸出者がその作成を代行しなければなりません。

3. 貿易決済書類としての船積書類

今日の貿易取引では，貨物の所有権や占有権の輸出者から輸入者への引き渡しと，実際の貨物の輸入者への引き渡しが，必ずしも同時期に同地点でおこなわれません。

貨物の引渡は，船会社，航空会社やコンテナ会社などの運送人を通じておこないますが，貨物の所有権や占有権の移転は，原則として運送書類の引渡を通じておこなっています。

ですので，輸入者は，原則，船積書類と引き換えに代金の支払いをすることになり，また期限付債務を負担する方法が取られています。このような事情から，船積書類は，極めて重要な書類であるといえます。

船積書類に含まれる運送関係書類が貨物の引渡請求権を表す船荷証券などの有価証券であるときは，運送途上の貨物の内容を示し，かつ貨物に関する権利を有する書類になります。

この場合には，引渡貨物の占有権や所有権の引渡しと同一の効果をもつことになるので，船積書類は所有権などの移転手段になるとともに，代金の請求書類ということになります。輸入者は船積書類の受

領によって，債務を履行すべき義務を負担することになります。

貿易代金の決済を荷為替手形でおこなう場合には，典型的な書類売買の形をとることになり，船積書類は，荷為替手形の付属書類となり，為替手形上の権利を担保する書類になります。

4. 運送契約関係書類としての船積書類

船積書類は，運送契約についての証拠書類となります。誰が何を何処へどのように運ぶべきかを船積書類のなかで規定しています。また，輸送される貨物(商品)についての権利関係および内容を示す書類です。運送人またはその代理人によって発行されるのが通例です。信用状統一規定においては「運送書類」(積込または発送または受取を示す書類)とされています。

5. 船荷証券

船荷証券の3つの機能
有価証券
貨物の受取証・引換証
輸送契約書

運送書類の中核的書類である船荷証券について詳しくみてみましょう。船荷証券(B/L: Bill of Lading)とは，船会社など運送人が荷主に対して発行する書類で，海上運送のために船積みの貨物が運送人に受け取られたことを証明するとともに，目的地においては，これと引き換えに運送品を引き渡すことを約束する証券のことです。船荷証券を裏書によって貨物を処分できる権利証券であり，裏書きによって流通する有価証券です。船積書類のなかではもっとも重要な書類として位置づけられています。

船荷証券にはさまざまな機能がありますが，大きな機能として3つ挙げることができます。

Code Name "SHUBIL-1994(A)" Issued Dec. '50 and amended Jan.'58, Aug. '72, July '74, May '93, Sept. '94 & Sept. '96	(Forwarding Agents)
Shipper 荷送人/荷主 ・通常は輸出者の社名と所在地	B/L No.
Consignee 荷受人 ・指図式B/L→To Order (of Shipper / Bank) ・記名式B/L→輸入者の社名と所在地	**BILL OF LADING** SHIPPED on board the Vessel, the Goods, or the total number of Containers or other packages or units enumerated below in apparent external good order and condition except as otherwise noted for transportation from the Port of Loading to the Port of Discharge subject to the terms hereof. One of the original Bills of Lading must be surrendered duly endorsed in exchange for the Goods or Delivery Order unless otherwise provided herein. In accepting this Bill of Lading the Merchant expressly accepts and agrees to all its stipulations, exceptions and conditions whether written, stamped or printed, as fully as if signed by the Merchant. IN WITNESS whereof the number of original Bills of Lading stated below have been signed, one of which being accomplished, the other(s) to be void. (Terms of this Bill of Lading continued on the back hereof)
Notify Party 通知先 ・指図式B/L→輸入者の社名と所在地 ・記名式B/L→Same as Consignee	

Local Vessel *	From 貨物搬入先		
Ocean Vessel 船名	Voy. No. 航海番号	Port of Loading 積地 (都市名・国名)	
Port of Discharge 揚地 (都市名・国名)	For transhipment to (If on-carriage) *		Final destination (for the Merchant's reference only) *

Marks / Numbers 荷印 ・主マーク ・仕向港マーク ・ケース番号 ・原産地表示	No. of P'kgs or Units	Kind of Packages or Units; Description of Goods 商品内容の記載 ・L/C決済の場合はL/Cに従う CIFなど→ "Freight Prepaid" FOBなど→ "Freight Collect"	Gross Weight 総重量	Measurement 容積

PARTICULARS FURNISHED BY SHIPPER

SAMPLE

TOTAL NUMBER OF PACKAGES OR UNITS (IN WORDS)

Declared value USD_____ subject to Clause 22(1) overleaf. If no value declared, liability limit applies as per Clause 22(2) or 28 as applicable.

FREIGHT & CHARGES 運賃計算部分	Revenue Tons	Rate	Per	Prepaid	Collect

ICS B/L	Ex. Rate @ ¥	Prepaid at	Payable at Payable at Destination	Place & Date of issue B/L発行日・発行場所
		Total Prepaid in Yen	Number of Original B(s)/L	For the Master

* See Clause 20

JSA Standard Form(B)

ひとつは有価証券としての機能で，船荷証券は，運送品引渡請求権が表章された有価証券であると考えられます。代金決済や船荷証券の譲渡などによって，権利者が移動していきます。ですから言葉を換えると，貿易取引で船会社を利用して船荷証券が発行されると，貿易取引は実際の貨物の取引ではなく，有価証券である船荷証券の取引であるともいえます。

　これは遠隔地との取引では重要な機能で，輸送距離が長くなればなるほど，貨物は長期間，移動途中の状態が続きます。実際の貨物で取引をするのであれば，輸送途中の貨物の売買は困難なものになるでしょう。

　しかし実際には，その貨物にかかわる権利が船荷証券に代表されているので，貨物の輸送途中でも移動が困難で倉庫の入れたままの貨物でも売買が可能です。船荷証券をもっていれば実質的に貨物の所有権をもっていることになり，かつ，船荷証券を裏書きすることによって第三者に貨物を譲渡し対価を受け取ることができます。このような意味で，船荷証券は非常に強力な権利証券であるともいえます。

　ほとんどの船荷証券が裏書きすることで譲渡できる流通証券としての機能をもっていますが，すべての船荷証券に流通性があるわけではありません。

　記名式船荷証券といわれるもので，荷受人が特定されています。この場合，この証券の権利行使が荷受人に記載された人に限定されますので，基本的には流通性はないと判断されます。一般には指図式船荷証券といわれるもので，荷受人が特定されていま

せん。したがって流通性が保たれた証券であるといえます。

(1) 船荷証券の種類

船荷証券の種類

指図式船荷証券	Order B/L
記名式船荷証券	Straight B/L
時期経過船荷証券	Stale B/L
通し船荷証券	Through B/L
複合船荷証券	Combined Transport (Multimodal) B/L
定期船船荷証券	Liner B/L
傭船契約船荷証券	Charter Party B/L
船積船荷証券	Shipped B/L
受取船荷証券	Received B/L
無故障船荷証券	Clean B/L
故障付船荷証券	Foul B/L
運賃前払船荷証券	Prepaid B/L
運賃着払船荷証券	Collect B/L
サレンダーB/L	Surrendered B/L
航空貨物運送状	AWB: Air Waybill
海上貨物運送状	SWB: Sea Waybill

船荷証券は国際決済業務，国際金融，国際輸送，ビジネス環境などの変化に対応してきました。結果的に船荷証券の種類も増えてきています。

① **指図式船荷証券　Order B/L**

船荷証券の荷受人(Consignee)の欄を指図式，つまり「to order」，「to order of shipper」，「to order of bank」と記載されている船荷証券です。船荷証券の大きな機能のひとつは権利証券です。船荷証券を保持している人が事実上の貨物の所有者であり，船荷証券を裏書きすることによって貨物にかかわる権利を譲渡し対価を受け取ることができます。したがって，船荷証券は，本来，譲渡

性と流通性を確保すべき権利証券であるといえます。

そのためには，いわゆる無記名の証券にすべきですが，船荷証券の性格上，完全な無記名にすることはできません。そこで，荷受人には「誰かが指示した人」という意味の「to order」を記載するわけです。このように記載されていれば，誰が保有しても同等の価値と権利を行使できることになります。

「to order」とのみ記載した船荷証券を単純指図式，「to order of shipper」と記載するものを荷送人指図式ということがあります。「to order of shipper」を the shipper と表記する場合もありますが，手形買取書類では同じ表現，つまり to order of shipper, to order of the shipper とそのまま転記した方がトラブルは少ないといえます。

輸出地での手形買取の際，to order of shipper と記載された船荷証券は輸出者による裏書きが必要ですが，たとえば to order of XYZ BANK と手形買取銀行が記載されている場合は裏書きが不要となります。

② **記名式船荷証券　Straight B/L**

船荷証券の荷受人の欄に特定の個人または法人名が記載されている船荷証券です。記名式証券となるので，流通性は大きく制限され，手形買取の際に銀行が受取を拒否する可能性もあります。

荷為替手形決済を予定せず，送金などの方法で代金決済する場合に，荷受人の欄に輸入地の銀行

を指定するといったケースがあります。このようにすることで，貨物の処分は輸入地の銀行がその権利を有していることになるので，結果的に輸入者の代金支払いをモニターすることにつながります。当然ながら，事前に銀行と十分なネゴシエーションをした上で進める必要があります。

なお，日本ではB/L上に譲渡禁止の記載がない限り，荷主もしくはB/L権利者の裏書があれば，第三者に譲渡することが商法で認められています。しかし，欧米では記名式船荷証券の裏書譲渡は禁止されているので注意が必要です。

③ **時期経過船荷証券　Stale B/L**

船荷証券の日付，いわゆるB/L dateから21日以上を経過して荷為替手形が組まれる時に，この船荷証券をとくに時期経過船荷証券といいます。船積後3週間も経てから代金決済を始めるという事態に，手形買取銀行は疑念をいだくので，原則としてStale B/Lになった船荷証券の受取を拒否します。

④ **通し船荷証券　Through B/L**

複合一貫輸送でしばしば使われる船荷証券です。貨物が輸入地の最終仕向港に到着するまで，船会社や航空会社や陸運会社など複数の運送人によって運送される場合，最初の運送人が全運送区間について発行する船荷証券です。

⑤ **複合船荷証券　Combined Transport（Multi-modal）B/L**

複合一貫輸送で主に自ら船舶を保有しない運送

人である NVOCC が発行する船荷証券です。船社発行の船荷証券（NVOCC がシッパーとなる B/L）を Master B/L といい，NVOCC 発行の B/L（荷送人がシッパーとなる B/L）を House B/L と呼ぶことがあります。

⑥ **定期船船荷証券　Liner B/L**

定期船（Liner）を使った通常の個品運送の貨物に対して発行される船荷証券です。

⑦ **傭船契約船荷証券　Charter Party B/L**

傭船契約にもとづいて不定期船（Tramper）に船積した貨物について発行される船荷証券です。

傭船契約自体にはヘーグルールは適用されませんが，傭船契約にもとづく船荷証券にはヘーグルールは適用されます。ヘーグルールとは，貨物の国際海上輸送に関する国際条約で，オランダのハーグ（英語読みではヘーグ）で採択されたことからこのように呼ばれています。正式には，「船荷証券に関する規則の統一のための国際条約」といい，「船荷証券統一条約」とも呼ばれます。

日本の「国際海上物品運送法」は，個品運送契約，傭船契約を問わず，また，船荷証券の発行の有無を問わず，この条約が適用されることを規定しています。信用状決済の場合，通常はこの船荷証券による荷為替手形買取はできません。ただし，「Charter Party B/L Acceptable」と信用状に記載があれば，荷為替手形の買取が可能になります。

⑧ **船積船荷証券　Shipped B/L**

貨物が本船に積み込まれた後に発行された船荷

証券を意味する表現です。銀行が荷為替手形を引き受ける際には，通常，船積後に発行された船荷証券が必要です。貨物が積み込まれる前に発行された船荷証券(Received B/L)に船積通知(On Board Notation)が添付されれば，船積船荷証券として扱われます。コンテナ貨物の場合は一般に運送人が貨物を引き受けた時点で船荷証券が発行されますので，船積船荷証券とはならないので注意が必要です。

⑨ **受取船荷証券　Received B/L**

貨物を本船に積み込む前に発行された船荷証券を意味する表現です。コンテナ貨物などの場合，船会社がターミナルなどで貨物を受け取った時点で船荷証券を発行しますが，この場合は受取船荷証券となります。

⑩ **無故障船荷証券　Clean B/L**

本船に積み込む際やコンテナ会社が貨物を受け取った際に，検数人(Tallyman / Checker)が貨物の数量や状態をチェックしますが，この際に数量の不足や貨物のダメージなどがあれば，事故摘要(Remark)として船荷証券に記載されます。このようなRemarkが記載されていない船荷証券のことです。

⑪ **故障付船荷証券　Foul B/L**

船荷証券に事故摘要が記載された船荷証券です。信用状決済の場合，手形買取銀行は故障付船荷証券の引受を原則として拒否します。

⑫ 運賃前払船荷証券　Prepaid B/L

　船荷証券は運送の契約書にもなっていますので，記載事項として運賃が入ります。輸出地で，運賃が支払われた後に発行された船荷証券が運賃前払船荷証券で，CIF契約，CFR契約，CIP契約，CPT契約など輸出者が仕向地までの運賃を負担するトレードタームズで発行される船荷証券がこの運賃前払船荷証券になります。

⑬ 運賃着払船荷証券　Collect B/L

　輸出者が仕向地までの運賃を負担する場合の運賃前払船荷証券に対して，輸入者が輸出港からも運賃を負担するFOB契約やFCA契約などで発行される船荷証券が運賃着払船荷証券です。

⑭ サレンダー B/L　Surrendered B/L

　船荷証券ではないので，正確には「サレンダー扱いの船荷書類」と表記すべき書類です。船会社は船荷証券を発行後に，輸出者の白地裏書のある船荷証券全通を回収します。発行地で証券が回収される（元地回収：サレンダー）際に，その副本にSurrenderedと記入して輸出者に渡す船荷証券の副本をサレンダー船荷証券といいます。

　国際輸送の高速化で，船積書類よりも日本からの貨物が先に輸入地に到着する事態が中国や韓国向け輸出では頻発するようになりました。これを「船荷証券の危機」といいます。このような事態を避けるために，本船が仕向地に到着後，輸入者が船荷証券を提示しなくても貨物を受取れるようにアレンジする取扱いのことをサレンダー B/L と

呼んでいます。

荷為替手形を担保する船荷証券の原本が決済時にはないので，原則として銀行は扱いませんが，実務上は信用状決済でも利用されています。サレンダー扱いにする船荷証券は，一般的な船荷証券である指図式船荷証券ではなく記名式船荷証券が適しています。

⑮ **航空貨物運送状　AWB: Air Waybill**

船荷証券ではありませんが，同種の機能をもつ書類が運送状です。航空貨物で貿易取引をおこなう場合に発行される書類です。

運送状は権利証券や流通証券ではない点が船荷証券と大きく異なります。航空貨物運送状は，もともと荷送人から荷受人への単なる貨物運送通知書という意味です。船荷証券と違い記名式ですから譲渡可能(negotiable)ではありません。このため，輸入者は航空会社や航空貨物代理店に荷受人であることを証明すれば，AWB原本を提出しなくとも貨物の引き取りが可能です。

一方，船荷証券のように荷為替手形の担保にはなり得ません。そのため輸出者と輸入者は信頼関係を前提として，一般的には送金ベースや信用状なしの取立手形(B/C)によって決済をおこないます。ただし，信用状で「Air Waybill Acceptable」の条項を入れれば荷為替の取り組みは可能です。

AWB原本がなくとも貨物を受け取れるので，信用状決済で代金回収を確実にしたい場合は，運送状の荷受人を輸入者ではなく仕向地銀行にする

ことがあります。このようにすると貨物は銀行の占有となるため，輸入者は銀行に代金決済をしないと貨物を受け取ることはできませんので，輸出者としては代金回収リスクが低減します。

⑯ **海上貨物運送状　SWB: Sea Waybill**

　海上貨物運送状も航空貨物運送状と同様に，船荷証券ではなく単なる運送状です。AWBと異なる点は，SWBには船積済みであることが明記されます(On Board Notation)。ただしAWBと同様に，貨物の受領書と運送契約書としての機能しかなく，流通性のない貨物運送状です。

　また，荷送人は運送品処分権を有するため，輸入地において荷受人から貨物引渡し請求があるまで，荷受人を変更できます。そのため，船荷証券と異なり，証券の呈示なしに輸入地で貨物の引渡が可能になります。これにより，いわゆる船荷証券の危機を避けることができるというメリットがありますが，決済前に貨物の引出が可能なために代金回収リスクが高まります。

21. クレーム

　クレームを不平不満による苦情と混同する場合がしばしばあります。確かに，クレームを提起する事象は，自分にとって不利益となることが多いので，不平不満をいだいても不思議ではありません。しかしクレームの本質は，当然の権利として請求する，要求するというところにあります。

　たとえば，航空便を利用した際に，スーツケースを航空会社のチェックインカウンターで預けて搭乗したとしましょう。目的地で預けたスーツケースをバゲージ・クレーム(Baggage Claim)の回転台で受け取ります。バゲージ・クレームは荷物について苦情を申し立てる場所ではありません。航空会社に預けた当然の権利としてスーツケースを受け取る場所がバゲージ・クレームです。

　クレーム(Claim)は苦情(Complaint)ではないという認識は，貿易取引を円滑に進める上では重要です。貿易取引では，さまざまな原因でクレームを提起しなければならない状況がありますが，相手に自分の不平不満をぶつけても解決の糸口は遠のくばかりです。むしろ冷静に，明確な根拠を示して正当な権利として請求しさえすれば，相手側も納得してくれるでしょう。この章では，貿易取引におけるクレームを整理し，クレームの解決方法についてみてみます。

1. 貿易取引でのクレーム

貿易取引のクレーム
　　運送クレーム　⇨　輸送会社
　　保険クレーム　⇨　損害保険会社
　　貿易クレーム　⇨　取引相手

　貿易取引ではさまざまなケースでクレームが提起される可能性があります。大別すると，輸送に関連して発生したトラブルを原因とする運送クレーム，運送クレームが貨物のダメージで保険事故の場合は損害保険会社への求償である保険クレーム，および貿易契約上のトラブルを原因とする貿易クレームです。

(1) **運送クレーム**　　貨物を運送・保管・荷役するなかで発生したトラ

ブルに対して，荷主が船会社などの運送人に対して提起する損害賠償請求を運送クレームといいます。具体的には，貨物の損傷，不足，遅延などのトラブルです。トラブルを発見した荷主は貨物を受け取って3日以内に運送人に事故通知(Claim Notice)を送る必要があります。仮に，運送人から損害賠償を受け取れずに保険会社に保険請求する際にも，事故通知をしておく必要があります。

事故通知を運送人に送付した後に，荷主は事故の調査を専門とする鑑定人(サーベヤー：Surveyor)に調査を依頼し，鑑定書(サーベイ・リポート：Survey Report)を作成してもらいます。鑑定で船会社の責任であることが確定すると，船会社に対して正式な運送クレームを提起できます。

しかしながら，実際に荷主が船会社などの運送人にクレーム提起することはまれです。なぜならば，運送人には運送契約上の免責事項が多数認められており，これを根拠に船会社は損害賠償の支払いを拒否するからです。荷主としても，貨物には海上保険が付保されていますから，ほとんどの場合，損害額を保険金によって求償できるので，船会社に請求しなくとも実質的な損失はでません。

(2) 保険クレーム

運送クレームのうち，保険会社に保険金の請求ができる保険事故の場合は保険クレームとなります。貨物の損害について，保険会社の責任を追及するのではなく，保険契約に基づいて被保険者の当然の権利として保険金を請求(claim)するわけです。

保険請求に必要な書類は多岐にわたりますが、そのなかでもほとんどのケースで必要書類となるものは次の通りです。

・保険証券もしくは保険承認状
・船荷証券もしくは運送状
・商業送り状
・サーベイ・リポート：鑑定書
・事故通知
・カーゴ・ボート・ノートもしくはデバンニング・レポート

(3) 貿易クレーム

貿易クレームは、通常、輸入者が輸出者に対して、到着した貨物が契約と異なっていることに対して提起するクレームです。具体的には、売買の5大条件である品質条件、数量条件、価格条件、受渡条件、決済条件の売買契約の規定に違反して取引が実行された場合に、クレーム提起されます。

貿易クレームの解決が難しいのは、契約違反が確信的におこなわれたのではなく、単なる輸出者の不注意に起因している場合や、売買条件の交渉時の誤解に端を発していることも少なくないからです。そのような場合、輸入者は損失を被ったからといって、それの損失をすべて輸出者側に負わせることが難しいといえます。クレームの解決方法の選択と解決に向けたプロセスは慎重におこなうべきでしょう。

2. クレームの解決方法

(1) 和解

クレームが提起されたら、まずは両当事者で和解(Amicable Adjustment)によって解決をはかります。

> **クレームの解決**
> 和 解
> ⇩
> 調 停
> ⇩ ⇩
> 仲裁 訴訟

和解は，当事者間で友好的に解決しようという方策ですので，ビジネスでのトラブルを解決するにはもっとも相応しい方法です。

他の解決手段と比べて時間と費用を要しない点と，友好的な解決になるので，将来の取引にもほとんど悪影響をおよぼさない点が重要です。

当事者だけでは友好的な解決が難しいと判断したならば，第三者に調停(Mediation)を依頼するが次のステップになります。中立的な第三者が当事者双方から事情聴取した上で，調停案を作成し，当事者に呈示します。調停には拘束力はありませんので，解決のためには当事者が歩み寄るという姿勢が重要になってきます。したがって，調停が受け入れられた時点で，当事者双方が互いに納得して痛み分けていますので，和解と同様に，将来の取引にそれほど重大な悪影響はおよぼしません。

(2) 仲裁と訴訟

和解や調停といった友好的な解決に失敗した場合は，次のステップに進むことになります。具体的には，仲裁(Arbitration)か訴訟(Litigation)かでクレームを解決します。

しばしば，仲裁を試みて，それが失敗した次のステップが訴訟だと思われていますがが，現実には仲裁もしくは訴訟の二者択一で解決手段を選ばなければなりません。

訴訟は当然ながらすべての人に何時でも訴訟を起こす権利があるわけですが，仲裁がトラブル解決の選択肢としてある場合は若干複雑です。当事者で合

意をして仲裁に入る前に,一般的には訴訟権を放棄するのがビジネスの慣例だからです。仲裁裁定に不服な場合,一方的に訴訟を起こすことは法的には認められていますが,道義的には許されざるべきことです。

ビジネストラブルを訴訟で解決することは,よほどのことがない限り避けるべきです。まず,時間と費用の犠牲が大きすぎます。判決に不服な場合は上告できますので,トラブルを解決するのに何年もかかり,変化の早いビジネス環境では争うこと自体に意味がなくなることもあるでしょう。

法の執行上は被告の所在地を管轄する裁判所とするのが望ましいといわれます。ある国の法律にもとづいた判決は,その国だけで有効だからです。日本の裁判所で出された判決を他国での執行することは難しく,その場合は,他国で改めて訴訟することになるでしょう。

また,訴訟の判決は白黒を明確にします。当事者間で歩み寄るといったビジネスの慣例が通らない世界です。正しい判決であったとしても,当事者間の将来のビジネスに良い影響はないはずです。

そこで,一般的には貿易トラブルの最終的解決手段として仲裁を想定します。ただし仲裁で解決するためには,仲裁で解決することについて当事者間での合意が必要です。したがって,トラブルを仲裁で解決することを,トラブルの発生前に合意しておく必要があります。トラブルが起こってからでは,同意は難しいからです。

仲裁には訴訟と比べていくつかのメリットがあります。

① **柔軟性と専門性**

裁判の判決と異なり，当事者が選んだ専門分野に明るい人を仲裁人に選ぶことができます。仲裁人は，公正中立で独立した立場で判断しますが，専門家ですから問題の本質を早く正確に理解し，現実的な裁定を下すと期待できます。

② **迅速性**

訴訟のように上告という制度が仲裁にはありません。したがって，解決に時間と費用が裁判ほどは掛からないと期待できます。

③ **非公開性**

仲裁手続きは原則として非公開で進められます。近年，ハイテク企業などが訴訟を避ける理由のひとつとして，非公開性を挙げています。仲裁のプロセスだけでなく，判決に相当する仲裁裁定の内容も非公開です。

④ **国際性**

裁判の判決は，そのもとになった法律の国でしか執行できませんが，仲裁は外国でも執行できる可能性が高いといえます。一般に，ニューヨーク条約と呼ばれる「外国仲裁裁定の承認と執行に関する条約」には，日本を含めて締結国数は140カ国を超えています。

著者略歴

池田　芳彦（いけだ　よしひこ）
新潟市に生まれる
明治大学大学院商学研究科博士後期課程修了
横浜国立大学大学院国際社会科学研究科博士後期課程修了
文京女子大学経営学部助教授を経て
現在　文京学院大学経営学部教授

主な著書
『ビジネス英語で学ぶ貿易実務』学文社，1996年（執筆分担）
『東アジアの経営システム比較』新評論，1998年（共訳）
『国際マーケティング業務』産能大学出版部，1998年（執筆分担）
『国際経営論：マーケティングとマネジメント』学文社，1998年（共著）
『国際経営を学ぶ人のために』世界思想社，2002年（共編著）
『グローカル経営：国際経営の進化と深化』同文舘出版，2004年（共著）
『マネジメント基本全集　国際経営』学文社，2006年（共著）
『マネジメント基本全集　生産管理』学文社，2007年（編著）

貿易取引入門

2013年8月10日　第1版第1刷発行
2016年1月30日　第1版第2刷発行

著者　池田　芳彦

発行者　田中千津子　〒153-0064　東京都目黒区下目黒3-6-1
　　　　　　　　　　電話　03（3715）1501 ㈹
発行所　株式会社学文社　FAX　03（3715）2012
　　　　　　　　　　http://www.gakubunsha.com

© IKEDA Yoshihiko 2013　Printed in Japan
乱丁・落丁の場合は本社でお取替えします。
定価は売上カード，カバーに表示。

ISBN 978-4-7620-2388-0